인생의
절반쯤 왔을때
읽어야할 도덕경

삶의 순리를 깨달을 때면 도덕경이 들린다

인생의 절반쯤 왔을때 읽어야할 도덕경

· 노자 지음 | 박훈 옮김 ·

탐나는책

나는 과거 필리핀에서 오로지 지구환경과 국가경제에 이바지한다
는 신념을 갖고서 바이오 대체에너지 산업의 일환으로, 농장으로는
적합하지 않은 척박한 땅을 기름진 땅으로 탈바꿈시키기 위하여 필
리핀 오지를 돌아다니며 생활한 적이 있다. 5년의 시간 동안 간헐적
으로 한국을 오가며 비행기 안에서 3~4시간의 공백을 책으로 메웠
는데 그때 동양고전의 하나인 『도덕경』을 심도 있게 접하였다.

그 당시 비행기 안에서 읽었던 노자의 철학은 이전까지는 간단한
지식으로만 동양고전을 알고 일상에서 인용하며 지내던 나에게 상식
이상의 가르침과 앞으로 배워야 할 인간으로서의 자세, 삶의 방향 등
을 아주 일목요연하게 정리해 주었다.

그것을 계기로 나는 노자가 후손들에게 전하고자 했던 삶의 가치
와 방향에 대한 지침을 다시 한 번 펼쳐야겠다고 생각해 왔다. 그 결
과물인 이 책을 통해 지금 우리들의 일상과 삶의 방식이 올바른 길로

가고 있는지, 경쟁적 삶에 너무 몰입되어 우리가 가져야 할 정신적 가치를 간과하고 있지는 않은지 독자들이 자기반성을 이끌어내기를 기대해 본다.

노자는 만물을 지배하는 근본 원리를 '도道'라 칭하며 무심無心의 경지에 들어 모든 것을 있는 그대로 받아들일 때 자유로운 삶과 영혼의 정신 세계관을 얻고, 마음의 온갖 잡념을 잊고 씻어 냄으로써 심신일체心身一體의 경지에 도달한다고 깨달음을 준다. 무無와 유有의 의미를 자연의 질서에 빗대어 깊이 사색함으로써 지금 우리가 살아가고 있는 세상에서 평온한 마음과 윤택한 삶의 기본을 이끌어준다 하겠다.

올바른 삶의 자세를 통하여 현대를 살아가는 모든 사람에게 행복과 만족을 어디에서 찾아야 할지 가르침을 주는 지혜의 서적이 되길 바란다.

옮긴이 박훈

제1편

도경道經

道經

도라고 부를 수 있다면 도가 아니다

道可道는 非常道요 名可名은 非常名이라
도 가 도　　비 상 도　　명 가 명　　비 상 명

無名은 天地之始요 有名은 萬物之母니라
무 명　　천 지 지 시　　유 명　　만 물 지 모

故로 常無欲이면 以觀其妙하고 常有欲이면 以觀其徼하니라
고　　상 무 욕　　이 관 기 묘　　　상 유 욕　　이 관 기 요

此兩者는 同出而異名하니 同謂之玄이니라
차 양 자　　동 출 이 이 명　　　동 위 지 현

玄之又玄하니 衆妙之門이니라
현 지 우 현　　　중 묘 지 문

도라고 말할 수 있는 것은 영원한 도가 아니요, 이름 지어질 수 있는 이름은 영원한 이름이 아니다. 이름 붙일 수 없는 그 무엇이 하늘과 땅의 시작이며, 이름을 붙일 수 있는 것이 만물의 어머니이다. 그러므로 욕심이 없는 상태에서는 늘 도의 신비를 보게 되고, 욕심이 있으면 도의 껍데기만 보게 된다. 이 둘은 한곳에서 나와 이름만 달리하는 것이니 그것을 함께 현묘함이라고 일컫는다. 현묘하고 또 현묘하니 온갖 미묘한 것이 드나드는 문이다.

모든 만물이 변하지만 오직 도만은 변하지 않는다. 아무것도 존재하지 않는 무명無
名의 상태에서 천지가 시작되었으니 무명은 천지의 시작이다. 여기서 말하는 도는
단순히 진리만을 일컫는 것이 아니라, 우리가 살아가야 할 길로서의 진리이고 우주
와 만물을 가능하게 만드는 것이다. 모든 만물이 자리하는 하늘과 땅도 도에서 생겨
났다. 그러므로 노자는 이름이 없는 도에서 하늘과 땅이 먼저 생겨났고, 그 뒤에 하
늘과 땅에서 모든 것이 생겨났다고 한다.

머물지 않기에 떠나감이 없다

天下가 皆知美之爲美하면 斯惡已요
천하　개지미지위미　　사악이

皆知善之爲善하면 斯不善已니라
개지선지위선　　사불선이

故로 有無相生하고 難易相成하고 長短相較하고
고　　유무상생　　난이상성　　장단상교

高下相傾하고 音聲相和하고 前後相隨니라
고하상경　　음성상화　　전후상수

是以로 聖人은 處無爲之事하여 行不言之教니라
시이　성인　　처무위지사　　　행불언지교

萬物作焉而不辭하고 生而不有하고 爲而不恃하고 功成而弗居하니
만물작언이불사　　생이불유　　위이불시　　공성이불거

夫唯弗居라 是以로 不去니라
부유불거　시이　　불거

세상 사람들 모두 아름다움을 아름다움으로 알면 이것은 추함일 수
있다. 세상 사람들이 모두 선한 것을 선한 줄로 알면 이것은 선하지
않음일 수도 있다. 그러므로 있음과 없음은 상대적으로 생겨나고, 어
려움과 쉬움은 상대적으로 이루어지며, 길고 짧음은 상대적으로 형
성되고, 높음과 낮음은 상대적으로 드러나고, 음악과 소리는 상대적

으로 어울리며, 앞과 뒤는 상대적으로 따른다. 그러므로 성인은 무위
無爲의 일에 머무르면서 말 없는 가르침을 행한다.

만물이 일어나도 말하지 않으며, 생겨나게 하면서도 소유하지 않으
며, 할 것 다 이루나 거기에 기대려 하지 않으며, 공이 이루어져도 거
기에 머물지 않으니, 오직 공이 머물지 않기에 공이 떠나가지 않는다.

해설

세상 사람은 남들이 아름답다고 하면 그것이 아름다운 것이라고 따라 여기며, 이를
보편적이고 영원한 것인 양 착각하며 집착한다. 또한 남들이 모두 좋은 것, 선한 것
이라고 하면 이를 무조건 그대로 받아들이고 고집한다. 하지만 아름다움이란 추악함
과 짝이 되어 나타나며, 선함이란 반드시 선하지 않음이 있기 때문에 나타난다. 이것
이 현상세계에서 사물의 이치다. 노자가 말하는 무위란 아무 일도 하지 않고 가만히
있거나 단지 수수방관한다는 것이 아니다. 노자의 무위란 자연의 질서를 어기면서
제멋대로 하거나 독선적이고 간사한 짓을 하지 않는다는 뜻이다. 결론적으로 노자의
사상은 '소유하지 않고, 뽐내지 않고, 머무르지 않는 정신'인 것이다.

무위로 하면 다스려지지 않음이 없다

不尙賢하여 使民不爭하고 不貴難得之貨하여 使民不爲盜하고
불 상 현　　사 민 부 쟁　　불 귀 난 득 지 화　　사 민 불 위 도

不見可欲하여 使民心不亂이니라
불 견 가 욕　　사 민 심 불 란

是以로 聖人之治는 虛其心하고 實其腹하고 弱其志하고 强其骨이니라
시 이　 성 인 지 치　 허 기 심　　실 기 복　　약 기 지　　강 기 골

常使民으로 無知無欲하고 使夫智者가 不敢爲也하니라
상 사 민　　무 지 무 욕　　사 부 지 자　 불 감 위 야

爲無爲면 則無不治니라
위 무 위　 즉 무 불 치

현명함을 떠받들지 말라. 그래야 백성이 다투지 않게 된다. 얻기 어려
운 재화를 귀하게 여기지 말라. 그러면 백성이 도둑질하지 않을 것이
다. 욕심낼 만한 것을 드러내 보이지 말라. 그래야 백성의 마음이 어
지럽지 않을 것이다. 그러므로 성인의 다스림은 백성의 마음을 비우
게 하고, 그 배를 채워주며, 그 뜻을 약하게 하고, 그 뼈를 강하게 하
는 것이다. 백성으로 하여금 알고자 함도 없게 하고, 하고자 함도 없
게 하며, 지혜로운 자들이 감히 나서지 못하게 하라. 무위로 하면 다
스려지지 않는 것이 없을 것이다.

해설

나라를 다스리는 사람이 지식과 그것에 따른 지위를 중히 여기면 백성은 그 자리를 차지하기 위해 서로 경쟁하며 다투게 된다. 또한 온갖 재화를 중히 여기면 백성 역시 그것을 갖고 싶은 마음에 흔들리게 된다. 그러므로 나라를 다스릴 때는 백성이 세속 적인 욕망에 휩싸이지 않고 마음을 비우도록 이끌어야 한다. 다만 물리적인 배고픔과 나약함에서는 헤어날 수 있도록 다스려야 한다.

이기적이며 얕은 지식은 백성의 삶을 피폐하게 만들 뿐이다. 그러한 지식을 이용해 억지로 무언가를 이루려는 시도 자체를 억누르고 오직 자연의 법칙에 따른 삶을 누 리도록 한다면 모두가 행복한 공동체를 이룰 수 있다. 이것이 무위의 정치이며, 도의 정치이다.

도는 비어 있는 그릇과 같다

道沖이나 而用之에 或不盈하니 淵兮하여 似萬物之宗이로다
도충　　이용지　혹불영　　연혜　　사만물지종

挫其銳하고 解其紛하고 和其光하고 同其塵하니
좌기예　　해기분　　화기광　　동기진

湛兮하여 似或存이로다
담혜　　사혹존

吾不知誰之子나 象帝之先이로다
오부지수지자　상제지선

도는 그릇처럼 비어 있어 그 쓰임에 차고 넘치는 일이 없으니 심연처럼 깊으면서도 만물의 근원이 된다. 날카로운 것들을 무디게 하고, 얽힌 것들을 풀어 주며, 빛을 부드럽게 하고, 세속의 더러움과 함께 하니 그 깊음이 있는 듯 없는 듯하다. 나는 도가 누구의 자식인지는 알지 못하지만 조물주보다 먼저 있었으리라.

해설

도는 빈 그릇처럼 언제나 텅 비어 있어 항상 무언가를 담을 수 있다. 그러나 그 안에 아무리 많은 것을 집어넣는다 해도 채워지거나 넘치는 법이 없으며, 언제나 존재하지만 보거나 듣거나 만질 수 없는 것이다.

또한 도는 깊은 연못과 같이 깊고 깊어서 그 끝을 알 수 없다. 도의 심오함은 마치 천지 만물의 시작을 보는 듯하다. 그러기에 도는 구체적인 만물보다 근본적일 뿐 아니라, 만물을 창조한 조물주보다도 먼저 존재한 것으로 보는 것이다.

백성을 무심하게 대하라

天地不仁하여 以萬物爲芻狗하고
천 지 불 인　　이 만 물 위 추 구

聖人不仁하여 以百姓爲芻狗니라
성 인 불 인　　이 백 성 위 추 구

天地之間은 其猶橐籥乎인저
천 지 지 간　　기 유 탁 약 호

虛而不屈하고 動而愈出이니라
허 이 불 굴　　동 이 유 출

多言數窮이니 不如守中이니라
다 언 삭 궁　　불 여 수 중

하늘과 땅은 편애하지 않아 만물을 짚으로 만든 개처럼 여긴다. 성인
은 편애하지 않아 백성을 짚으로 만든 개처럼 여긴다. 하늘과 땅 사
이는 풀무와 같구나. 비어 있으나 다함이 없고, 움직일수록 더욱더 내
놓는구나. 말이 많으면 자주 궁색하게 되니 마음속에 담아두는 것보
다 못한 것이다.

해설

천지가 만물을 대하고 성인이 백성을 대할 때는 제사 때 사용하고 버리는, 볏짚으로
만든 개 모양의 제물(추구芻狗) 대하듯 무심해야 한다. 만물과 백성을 무심하게 대하
는 것이 무위를 행하고 자연의 섭리를 따르는 것임을 강조하고 있다.

신묘한 여인의 문은 천지의 근원이다

谷神不死하니 是謂玄牝이니라
곡 신 불 사   시 위 현 빈

玄牝之門은 是謂天地根이니라
현 빈 지 문   시 위 천 지 근

綿綿若存하여 用之不勤이니라
면 면 약 존   용 지 불 근

계곡의 신은 죽지 않으니 이를 일러 신묘한 여인이라 한다. 신묘한 여인의 문은 천지의 근원이다. 끊어질 듯 끊어질 듯 이어지니 아무리 써도 다함이 없는 것이다.

해설

노자는 도에 대해 '곡신谷神'과 '현빈지문玄牝之門'이라고 하였다. 곡신은 골짜기의 신묘한 기능을 강조한 말로 이해된다. 텅 비어 있으면서도 지극한 존재감을 나타내는 공간인 것이다. 『도덕경』에서는 도를 천지 만물의 어머니로, '현빈'을 그 어머니의 생식기로 간주한다. 즉 '현빈'이란 생명을 탄생시키는 기관인 것이다. 그러한 여인의 몸을 천지의 근원이라고 보는 관점은 도의 무궁무진함과 천지를 화육시키는 능력의 상징성을 드높이는 것이다.

나를 주장하지 않기에 나를 이룬다

天長地久니라
천 장 지 구

天地所以能長且久者는 以其不自生이라 故로 能長生이니라
천지소이능장차구자 이기부자생   고   능장생

是以로 聖人은 後其身하되 而身先하고 外其身하되 而身存이니라
시이 성인 후기신   이신선   외기신   이신존

非以其無私邪아 故로 能成其私니라
비 이 기 무 사 사   고   능 성 기 사

하늘과 땅은 영원하다. 하늘과 땅이 영원한 까닭은 자기 스스로를 위해 살지 않기 때문이다. 그러기에 영원할 수 있는 것이다. 이 때문에 성인은 자신을 뒤에 두고도 앞서게 되고, 자신을 버려두고도 보존하는 것이다. 나를 주장함이 없기 때문에 나를 이룰 수 있는 것이다.

해설

하늘과 땅이 영원히 지속되는 것은 만물을 낳고도 간섭하거나 소유하려 들지 않기 때문이다. 성인은 남을 먼저 앞세우고 자기는 언제나 뒤에 머문다. 그럼에도 결국 남보다 앞서게 된다. 하늘과 땅처럼 성인 또한 사사로운 욕심이 없음으로 참된 자아를 완성하는 것이다. 노자는 남을 앞세우고 스스로 뒤로 물러서는 사람은 천하가 자연히 존경하고 따르게 된다고 가르치고 있다.

최고의 선은 물과 같다

上善若水니라
상 선 약 수

水善利萬物而不爭하고 處衆人之所惡니라 故로 幾於道니라
수 선 리 만 물 이 부 쟁　　처 중 인 지 소 오　　고　기 어 도

居善地하고 心善淵하고 與善仁하고
거 선 지　　심 선 연　　여 선 인

言善信하고 正善治하고 事善能하고 動善時니라
언 선 신　　정 선 치　　사 선 능　　동 선 시

夫唯不爭이라 故로 無尤니라
부 유 부 쟁　　고　무 우

최고의 선은 물과 같다. 물은 만물을 이롭게 할 뿐 다투는 일이 없고 뭇사람이 싫어하는 낮은 곳에 머문다. 그러기에 물은 도에 가장 가깝다. 최고의 선을 이룬 사람은 물처럼 낮은 곳에 몸을 두고, 마음가짐은 고요한 연못을 최상으로 여기며, 선한 사람과 더불어 행하며, 말에서는 믿음을 최상으로 여기고, 다스림에 있어서는 바르게 하는 것을 최상으로 여기며, 일에서는 능력을 최상으로 여기고, 행동에서는 시의적절함을 최상으로 여긴다. 오직 다투지 않으므로 허물이 없게 된다.

노자는 서로 다투지 않는 것을 가장 훌륭한 선上善이라고 생각했는데, 물이 그러한 선의 모습을 잘 갖추고 있다고 설명했다. 물은 이 세상의 모든 만물에게 생명을 주고 살아갈 힘을 주지만 서로 다투는 법이 없다. 또한 모든 사람들이 가장 싫어하는 낮고 더러운 곳을 향해 흐르기 때문에 도와 가장 가까운 모습을 지니고 있다. 낮고 더러운 곳은 모든 사람들이 싫어하므로 그곳을 차지하기 위해 다툴 이유가 없기 때문이다. 도를 깨우친 성인도 물과 같아서 가장 낮고 비천한 곳에 머물기를 좋아하고, 깊은 연 못처럼 마음 쓰는 것을 좋아하며, 사람과 사귈 때에는 공평하고 조건 없이 베풀고, 말은 언제나 진실을 담고 있으며, 백성을 다스릴 때는 바르고 올바른 것만을 추구한 다. 또한 일을 할 때에는 헛됨이 없이 반드시 결과를 내며, 움직일 때도 마찬가지로 좋은 시기를 잡아서 하되 억지로 하지 않는다. 억지로 하거나 남과 다투지 않기 때문 에 허물이 없으며 남한테 원망을 사지 않게 된다.

가득 채우면 흘러넘친다

持而盈之니 不如其已하고 揣而銳之면 不可長保니라
지 이 영 지　　　불 여 기 이　　　췌 이 예 지　　불 가 장 보

金玉滿堂이면 莫之能守하고 富貴而驕면 自遺其咎니라
금 옥 만 당　　　막 지 능 수　　　부 귀 이 교　　자 유 기 구

功遂身退는 天之道니라
공 수 신 퇴　　　천 지 도

가득 채우면 흘러넘치니, 가득 채우는 것보다는 적당한 때에 멈추는 것이 낫다. 날을 너무 날카롭게 세우면 날카로움을 오래 보존할 수 없다. 금과 옥이 집안에 가득 차면 지킬 수 없고, 부귀하면서 교만하면 스스로 그 허물을 남길 뿐이다. 공이 이루어지면 스스로 물러나는 것이 하늘의 이치다.

해설

가득 차 있거나 날카로운 것은 오래갈 수 없다. 그러므로 가득 채우거나 욕심 부리지 말라. 부귀와 영화도 마찬가지이다. 항상 공을 이루고 난 뒤, 하늘의 길을 따른다면 아무런 재앙이 없을 것이다. 부귀를 얻었다 하여 교만하면 스스로 허물을 남기게 된다. 재물은 몸을 해치고 영예는 정신을 타락하게 만든다. 어느 정도 공을 이루었으면 스스로 물러나는 것이 하늘의 이치인 것이다.

만물을 낳고 기르지만 소유하지 않는다

載營魄抱一하여 能無離乎아 專氣致柔하여 能嬰兒乎아
재 영 백 포 일　　능 무 리 호　　전 기 치 유　　능 영 아 호

滌除玄覽하여 能無疵乎아 愛民治國하여 能無知乎아
척 제 현 람　　능 무 자 호　　애 민 치 국　　능 무 지 호

天門開闔하여 能爲雌乎아 明白四達하여 能無爲乎아
천 문 개 합　　능 위 자 호　　명 백 사 달　　능 무 위 호

生之畜之하되 生而不有하고 爲而不恃하고 長而不宰하니
생 지 축 지　　생 이 불 유　　위 이 불 시　　장 이 부 재

是謂玄德이라
시 위 현 덕

혼백을 하나로 감싸 안아 서로 떨어지지 않게 할 수 있는가? 기를 오
롯이 하고 부드러움에 이르기를 어린아이처럼 할 수 있는가? 마음의
거울을 닦고 닦아 한 점 흠도 없게 할 수 있는가? 백성을 사랑하고 나
라를 다스림에 무지無知로 할 수 있는가? 하늘 문을 열고 닫음에 여인
처럼 할 수 있는가? 밝고 분명하게 사방에 통달하여도 무위無爲할 수
있는가? 낳아주고 길러주었으되, 낳았으면서도 소유하려 하지 않고,
이루어놓고도 자랑하지 않으며, 길러 주어도 주재하지 않으니 이를
일러 그윽한 덕이라 한다.

백성을 아끼는 마음으로 나라를 다스리면 무위를 행할 수 있다. 천지는 만물을 만들어 내고 길러낸다. 그리고 이들을 만들어 내면서도 내 것으로 하지 않는다. 천지는 일을 하면서도 내가 한다는 생각을 갖지 않는다. 또한 만물을 길러 그것들이 자라도 이를 통제하거나 지배하려는 일이 없다. 이러한 하늘과 땅의 덕을 본받고 그와 하나가 되는 것, 이것이 바로 그윽한 덕이라는 것이다.

비어 있어야 쓸모 있다

三十輻共一轂이나 當其無하여 有車之用하며
삼 십 폭 공 일 곡　　　당 기 무　　　유 차 지 용

埏埴以爲器나 當其無하여 有器之用하며
연 식 이 위 기　　당 기 무　　　유 기 지 용

鑿戶牖以爲室이나 當其無하여 有室之用이니라
착 호 유 이 위 실　　　당 기 무　　　유 실 지 용

故로 有之以爲利는 無之以爲用이니라
고　유 지 이 위 리　　무 지 이 위 용

서른 개의 바퀴살이 하나의 바퀴통에 모여 듦에, 그 빈 곳에 수레의 쓰임이 있다. 진흙을 이겨 그릇을 만듦에, 그 빈 곳에 그릇의 쓰임이 있다. 창과 문을 내어 방을 만듦에, 그 빈 곳에 방의 쓰임이 있다. 그러므로 유有가 이로울 수 있는 것은 무無를 쓰임으로 삼기 때문이다.

해설

바퀴통은 내부가 텅 비어 있으니 이른바 '무無'를 상징한다. 이 바퀴통이 비어 있어야 '유有'로 상징되는 바퀴살을 끼울 수 있으므로 수레바퀴를 완성하여 수레를 사용할 수 있다. 무가 있어 유가 완성되는 것이다. 또한 흙을 빚어서 만든 그릇이 그릇으로 사용될 수 있는 것은 가운데가 비어 있기 때문이며, 집이 집으로서의 기능을 할 수 있는 것은 그 내부에 빈 공간이 있기 때문이다. 무와 유는 따로 떼어서 존재할 수 없다. 무가 있어 유가 존재할 수 있고, 유가 있어 무가 돋보이는 것이다.

성인은 오직 배를 채울 뿐 즐거움을 구하지 않는다

五色은 令人目盲하고 五音은 令人耳聾하고 五味는 令人口爽하고
오색　　영인목맹　　오음　　영인이롱　　오미　　영인구상

馳騁畋獵은 令人心發狂하고 難得之貨는 令人行妨이니라
치빙전렵　　영인심발광　　난득지화　　영인행방

是以로 聖人은 爲腹하고 不爲目하니 故로 去彼取此니라
시이　성인　위복　　불위목　　고　　거피취차

다섯 가지 색깔이 사람의 눈을 멀게 하고, 다섯 가지 소리가 사람의 귀를 먹게 하며, 다섯 가지 맛이 사람의 입맛을 상하게 한다. 말 달리기와 사냥하는 일이 사람의 마음을 미치게 만들고, 얻기 어려운 재물이 사람의 행실을 나쁘게 만든다. 그런 까닭에 성인은 배를 채울 뿐 겉치레를 하지 않는다. 그러므로 저것을 버리고 이것을 취한다고 하는 것이다.

해설

색깔, 소리, 맛, 쾌락, 재물 등 감각적이고 자극적인 것을 멀리하라는 것이다. 자연의 것이란 강렬하거나 자극적이지 않는 법이다. 이렇듯 몸과 마음이 자연의 순수함과 도의 순박한 본성을 잃게 되니 사람들은 좋은 소리만 들으려고 하고, 좋은 맛에만 탐닉하고, 입은 하고 싶은 대로 놀리며 망언을 일삼고 세상을 바르게 보지 못한다. 성인의 생활은 오직 원초적인 배부름을 구할 뿐, 감각적인 즐거움을 구하지 않는다. 차라리 질박함과 고요함을 취할지언정 사치와 호화를 취하지 않는 것이다.

자기 몸을 소중하게 여기는 사람이 천하도 소중히 여긴다

寵辱若驚하고 貴大患若身이라
총 욕 약 경　　　귀 대 환 약 신

何謂寵辱若驚오
하 위 총 욕 약 경

寵爲下이니 得之若驚하고 失之若驚하라 是謂寵辱若驚이니라
총 위 하　　　득 지 약 경　　　실 지 약 경　　　시 위 총 욕 약 경

何謂貴大患若身오
하 위 귀 대 환 약 신

吾所以有大患者는 爲吾有身이니 及吾無身이면 吾有何患이리오
오 소 이 유 대 환 자　　　위 오 유 신　　　급 오 무 신　　　오 유 하 환

故로 貴以身爲天下면 若可寄天下요
고　　　귀 이 신 위 천 하　　　약 가 기 천 하

愛以身爲天下면 若可託天下리오
애 이 신 위 천 하　　　약 가 탁 천 하

총애를 받거나 모욕을 당하면 놀란 것처럼 하고, 큰 근심을 제 몸처럼 귀하게 여겨라. '총애를 받거나 모욕을 당하면 놀란 것처럼 하라'는 말은 무슨 뜻인가? 총애를 받는다는 것은 다른 사람의 아래에 놓인다는 것이니 얻어도 두려워하고, 잃어도 두려워하라. 이것이 총애를 받거나 모욕을 당하면 놀란 것처럼 하라는 것이다.

'큰 근심을 제 몸처럼 귀하게 여기라'는 말은 무슨 뜻인가? 큰 근심이 있는 것은 내게 몸이 있기 때문이니 내가 몸을 가지고 있지 않으면 내게 어떤 근심이 있겠는가? 그러므로 천하를 위하는 것보다 제 몸을 더 위한다면 천하를 맡길 수 있을 것이다. 그러나 제 몸을 바쳐 천하 위하기를 좋아한다면 어찌 천하를 맡길 수 있겠는가?

해설

총애를 받는다는 것은 다른 사람의 아래에 놓인다는 것으로 그 총애가 언제까지 유지될지, 그 끝이 어떠할지는 아무도 모르는 것이다. 그래서 총애받는 것을 오직 기쁨으로만 생각할 수 없는 것이다. 또한 마음에 근심, 걱정이 있다는 것은 우리의 몸을 보존하고자 하는 마음에서 비롯된 것이다. 즉 근심, 걱정을 한다는 것은 우리의 몸이 있고, 우리가 살아 있다는 반증인 것이다.

노자는 생명의 원천인 자기 몸을 소중하게 여길 때 천하도 소중하게 여길 수 있다고 하였다. 지도자는 생명을 가장 중요하게 생각해야만 한다. 진정으로 생명을 사랑하는 사람이야말로 그 사회의 근원적인 역동성을 지킬 수 있으므로 민중을 위한 진정한 지도자가 될 수 있다.

도는 보이지도 들리지도 잡히지도 않는다

視之不見名曰夷요 聽之不聞名曰希요 搏之不得名曰微니라
시 지 불 견 명 왈 이   청 지 불 문 명 왈 희   박 지 부 득 명 왈 미

此三者는 不可致詰이니 故混而爲一이니라
차 삼 자   불 가 치 힐   고 혼 이 위 일

其上不皦하고 其下不昧하고 繩繩하여 不可名이요 復歸於無物이라
기 상 불 교   기 하 불 매   승 승   불 가 명   복 귀 어 무 물

是謂無狀之狀하고 無物之象하고 是爲惚恍이니라
시 위 무 상 지 상   무 물 지 상   시 위 홀 황

迎之에 不見其首하고 隨之에 不見其後니라
영 지   불 견 기 수   수 지   불 견 기 후

執古之道하여 以御今之有하고 能知古始니 是謂道紀니라
집 고 지 도   이 어 금 지 유   능 지 고 시   시 위 도 기

보려 해도 보이지 않는 것을 '이夷'라 하고, 들으려 해도 들리지 않는
것을 '희希'라 하며, 잡으려고 해도 잡히지 않는 것을 '미微'라 한다.
이 세 가지는 하나씩 따질 수 있는 것이 아니니 세 가지가 하나로 혼
연일체를 이룬 것이다. 그 위라 해서 더 밝은 것도 아니고, 그 아래라
해서 더 어두운 것도 아니며, 끊어질 듯 끊어질 듯 이어지니 무어라
이름 붙일 수 없고, 만물이 드러나기 전으로 다시 돌아간다. 이를 일
러 '모양 없는 모양', '아무것도 없음의 형상'이라 하며, '황홀'이라고

한다. 때문에 맞이하려 해도 그 머리를 볼 수 없고, 따르고자 해도 그 꼬리를 볼 수 없다. 옛날의 도를 잡음으로써 지금의 일을 다스리며 옛날의 시작을 알 수 있으니, 이를 두고 '도의 실마리'라고 한다.

해설

도는 이 세계의 시초이자 근원이다. 그러나 이 도는 형이상적인 실재이기에 우리 인간이 볼 수도 들을 수도 만질 수도 없다. 색채가 없기에 아무리 보아도 볼 수 없는 것을 '이夷'라 하고, 소리가 없기에 아무리 듣고자 애써도 들리지 않는 것을 '희希'라 하며, 형체가 없기에 만져 보아도 전혀 만져지지 않는 것을 '미微'라 부른다. 이런 용어는 모두 '도'가 감각기관으로 파악할 수 없음을 형용하는 말이다.

도를 온전히 깨달은 사람은
그 깊이를 알 수 없다

古之善爲士者는 微妙玄通하여 深不可識이니라
고 지 선 위 사 자   미 묘 현 통   심 불 가 식

夫唯不可識이라 故로 强爲之容이니라
부 유 불 가 식   고   강 위 지 용

豫兮若冬涉川하고 猶兮若畏四隣하고
예 혜 약 동 섭 천   유 혜 약 외 사 린

儼兮其若容하고 渙兮若氷之將釋하고
엄 혜 기 약 객   환 혜 약 빙 지 장 석

敦兮其若樸하고 曠兮其若谷하고 混兮其若濁이니라
돈 혜 기 약 박   광 혜 기 약 곡   혼 혜 기 약 탁

孰能濁以靜之徐淸이리오
숙 능 탁 이 정 지 서 청

孰能安以久動之徐生이리오
숙 능 안 이 구 동 지 서 생

保此道者는 不欲盈하나니 夫唯不盈이라 故로 能蔽而新成이니라
보 차 도 자   불 욕 영   부 유 불 영   고   능 폐 이 신 성

옛날에 도를 잘 행했던 사람은 미묘하고 아득하게 통달하여 그 깊이를 헤아릴 수 없었다. 무릇 헤아릴 수 없으니 억지로 그것을 형용하라 하면 이와 같은 것이다. 망설이기를 마치 겨울에 강을 건너듯 하고, 주저하기를 사방의 이웃을 두려워하듯 하고, 엄숙하기를 손님과 같이 하고, 풀어지기를 마치 얼음 녹듯이 하고, 소박하기를 통나무처럼 하고, 트여 있기가 마치 계곡과 같고, 두루 섞인 듯 흐릿하고 탁한 것이다.

누가 혼탁한 것을 가라앉혀 서서히 맑아지게 할 수 있는가? 누가 안정된 것을 오랫동안 살아나게 할 수 있는가? 이런 도를 지닌 사람은 채우려 하지 않으니 오직 채우려 하지 않기 때문에 감쌀 수 있고, 새롭게 만들어지는 것이다.

해설

도道는 은미하며 심원하고 황홀하여 쉽게 파악할 수 없다. 마찬가지로 옛날의 도를 잘 체득한 사람은 그 인격의 깊이를 측량하기 어려운 법이다. 도를 깨닫고 잘 행하는 사람은 일반적인 안목으로는 파악할 수 없는 지극히 신묘한 모습을 지녔다. 뿐만 아니라 도와 합일이 되어서 현묘하게 통하고 있다. 그러기에 그 깊이를 도저히 헤아려 알 수 없는 경지를 지니고 있는 것이다.

완전한 비움에 이르면 위태로울 것이 없다

致虛極하고 守靜篤하라 萬物竝作이로되 吾以觀復이니라
치 허 극　　수 정 독　　만 물 병 작　　　오 이 관 복

夫物芸芸이로되 各復歸其根하나니 歸根曰靜이요 是謂復命이라
부 물 운 운　　각 복 귀 기 근　　　기 근 왈 정　　시 위 복 명

復命曰常이요 知常曰明이니 不知常이면 妄作凶이니라
복 명 왈 상　　지 상 왈 명　　부 지 상　　망 작 흉

知常容이요 容乃公이요 公乃王이요
지 상 용　　용 내 공　　공 내 왕

王乃天이요 天乃道요 道乃久니 沒身不殆니라
왕 내 천　　천 내 도　　도 내 구　몰 신 불 태

완전한 비움에 이르고 고요함의 극치를 지키라. 만물이 아울러 생겨
날 때 나는 그들의 되돌아감을 본다. 무릇 만물은 무성하지만 결국
저마다의 뿌리로 다시 돌아간다. 뿌리로 돌아가면 고요해지니 이것
을 '명(命, 운명)'을 회복한다고 한다. 명을 회복하는 것을 '상(常, 치우지
지 않음)'이라고 하며, '상'을 아는 것을 '명(明, 밝음)'이라고 하는데, '상'
을 알지 못하면 망령되이 움직이다 화를 입게 된다. '상'을 알면 너그
러워지고, 너그러워지면 공정해지고, 공정해지면 왕이 되고, 왕이 되
면 자연과 하나가 되고, 자연과 하나가 되면 도를 얻고, 도를 얻으면
오래도록 천하를 지켜 죽을 때까지 위태롭지 않게 된다.

비어 있음과 고요함을 지키는 수양을 강조한다. 마음을 비우고자 한다면 반드시 마음을 고요하게 유지하고 평정심을 유지해야 한다. 곧 도의 참모습을 본받아 마음을 텅 빈 극치에 이르게 하고 고요함을 독실하게 지키는 것이 바로 도를 수양하는 방법이다. 상常은 도의 행위를 의미한다. 허의 극치를 이루어 마음을 완전히 비우고 고요함을 충실히 지키면 만물은 모두 태어났던 곳으로 되돌아갈 수 있는 상태가 된다. 이러한 상태를 정靜이라고 하고 근본으로 되돌아가서 본성을 부여받고 명을 받아 새롭게 태어나는 것을 복명復命이라고 한다. 민심을 얻어 왕이 되면 하늘과 통하고 천심을 얻어 도와 하나가 되면 도와 함께 영원하게 된다.

가장 훌륭한 지도자는
단지 그 존재만 알 뿐이다

太上은 下知有之하고 其次는 親而譽之하고
태 상   하 지 유 지   기 차   친 이 예 지

其次는 畏之하고 其次는 侮之니라
기 차   외 지   기 차   모 지

信不足焉이면 有不信焉이니 悠兮其貴言이니라
신 부 족 언   유 불 신 언   유 혜 기 귀 언

功成事遂하면 百姓皆謂我自然이니라
공 성 사 수   백 성 개 위 아 자 연

최상의 지도자는 백성이 단지 그가 있다는 것만 안다. 그 다음은 백
성이 가까이 여기고 칭찬하는 지도자이며, 그 다음은 백성이 두려워
하는 지도자이며, 그 다음은 백성이 업신여기는 지도자이다. 신의가
부족하면 불신이 따르게 마련이니 신중히 하여 말을 아껴야 한다. 공
이 이루어지고 일이 완성되면 백성은 모두 자신이 스스로 그렇게 했
다고 말한다.

해설

가장 좋은 지도자는 백성이 나라에 지도자가 존재한다는 정도만 알고 더 이상 관심
을 갖지 않는 지도자이다. 즉, 가장 훌륭한 정치란 백성에게 아무런 간섭이나 개입을
하지 않는 것이다. 훌륭한 지도자는 자신의 능력을 과시하거나 도덕성과 인격을 자
랑하는 일이 없으며, 어떠한 명령이나 통제도 강요하지 않는다. 이러한 무위자연의
정치를 할 때 백성은 누군가 다스리는 사람이 있다는 것만 알 뿐이며, 그것이 최상의
다스림인 것이다.

나라가 어지러워지면 충신이 드러난다

大道廢하여 有仁義하고 智慧出하여 有大僞하고
대 도 폐　　유 인 의　　지 혜 출　　유 대 위

六親不和하여 有孝慈하고 國家昏亂하여 有忠臣이니라
육 친 불 화　　유 효 자　　국 가 혼 란　　유 충 신

큰 도가 사라지자 인仁과 의義가 생겨났고, 지혜가 나타나자 큰 거짓
이 생겨났고, 가정이 화목하지 못하자 효성과 자애가 생겨났고, 나라
가 어지러워지자 충신이 생겨났다.

해설

무위자연의 큰 도가 사라지면 인의를 주장하는 사람이 나타나게 된다. 예악을 주장
하고 법령을 앞세우면 백성에게 그것을 모면하기 위한 거짓이 생기게 마련이다. 부
모와 형제가 화목하게 지낸다면 효와 자애의 필요성을 느끼지 못하지만 불화가 일
어난다면 비로소 부모에 대한 효심과 자식에게 베푸는 자애가 나타난다. 마찬가지로
나라가 어지러워지면 충성스러운 신하가 나오게 된다. 나라가 평화롭게 잘 운영되고
있을 때에는 충신을 구별할 수 없는 것이다.

소박함을 품게 하라

絶聖棄智하면 民利百倍하고 絶仁棄義하면 民復孝慈하고
절 성 기 지   민 리 백 배   절 인 기 의   민 복 효 자

絶巧棄利하면 盜賊無有니라
절 교 기 리   도 적 무 유

此三者는 以爲文不足이라 故로 令有所屬하니
차 삼 자   이 위 문 부 족   고   영 유 소 속

見素抱模하고 少私寡欲이니라
현 소 포 박   소 사 과 욕

성스러움을 끊고 지혜를 버리면 백성의 이익이 백배가 될 것이고, 인을 끊고 의를 버리면 효성과 자애를 회복하게 될 것이며, 기교를 끊고 이익을 버리면 도적이 사라지게 될 것이다. 이 세 가지는 다스림의 기준으로 삼기에는 충분하지 않아서 명하여 따를 것이 있도록 하니 밖으로는 소박함을 나타내고 안으로는 질박함을 품으며, 사사로움을 적게 하고 욕심을 줄이는 것이다.

해설

무위로 백성을 다스리는 도의 정치는 인애를 베풀거나 의를 강조할 필요가 없다. 그러나 도가 쇠락하면 인의의 이름으로 목적을 이루고자 하는 군주가 나타나게 된다. 마찬가지로 인과 의를 강조하지 않으면 백성은 저절로 자기 본 마음에 충실하여 효도하고 자애로워진다. 또한 자연을 거스르는 기술이나 이익을 탐하는 마음을 버리게 되면 도둑이 생겨나지 않는다. 모름지기 백성에게는 소박한 생활과 욕심을 줄이는 마음을 갖도록 해줘야 한다. 단순하고 소박한 삶에 만족하게 하는 것이다.

학문을 끊으면 근심이 없어진다

絕學無憂니라
절 학 무 우

唯之與阿가 相去幾何이리오 善之與惡이 相去若何이리오
유 지 여 아   상 거 기 하   선 지 여 악   상 거 약 하

人之所畏를 不可不畏니 荒兮하여 其未央哉로다
인 지 소 외   불 가 불 외   황 혜   기 미 앙 재

衆人熙熙하여 如享太牢하고 如春登臺어늘
중 인 희 희   여 향 태 뢰   여 춘 등 대

我獨泊兮其未兆하여 如嬰兒之未孩하고
아 독 박 혜 기 미 조   여 영 아 지 미 해

儽儽兮若無所歸로다
래 래 혜 약 무 소 귀

衆人皆有餘하되 而我獨若遺로다
중 인 개 유 여   이 아 독 약 유

我愚人之心也哉아 沌沌兮로다
아 우 인 지 심 야 재   돈 돈 혜

俗人昭昭어늘 我獨昏昏하고 俗人察察이어늘 我獨悶悶이로다
속 인 소 소   아 독 혼 혼   속 인 찰 찰   아 독 민 민

澹兮其若海하고 飂兮若無止로다
담 혜 기 약 해   요 혜 약 무 지

衆人皆有以로되 而我獨頑似鄙로다
중 인 개 유 이   이 아 독 완 사 비

我獨異於人이니 而貴食母로다
아 독 이 어 인   이 귀 식 모

학문을 끊으면 근심이 없어진다. '예'라는 대답과 '응'이라는 대답의 거리는 얼마나 되는가? '선'과 '악'의 차이는 얼마나 되는가? 사람들이 두려워하는 것을 나 또한 두려워해야 하는가? 얼마나 허황하기 그지없는 이야기인가. 사람들의 희희낙락함이 소 돼지를 잡아 잔치를 벌이는 듯하고, 화사한 봄날에 누각에 오르듯 기뻐하는구나. 나 홀로 고요하여 미동조차 없고 아직 웃지 못하는 갓난아기 같구나. 지친 몸이나 돌아갈 곳 없는 사람과 같도다. 세상사람 모두 여유가 있는데, 나 홀로 부족한 것 같구나. 나는 어리석은 사람이라 우둔하고 우둔하네. 사람들은 총명한데 나 홀로 어둡고, 사람들은 똑똑한데 나 홀로 어리석어 보이는구나. 담담한 것이 마치 바다와 같고, 바람에 세차게 몰아치는 것이 마치 그침이 없는 듯하구나. 사람들은 모두 쓸모가 있는데, 나 홀로 우둔하고 쓸모없어 보이는구나. 나 홀로 사람들과 다르니 만물의 근본을 귀하게 여길 뿐이네.

해설

노자는 학문을 끊으면 근심이 없어진다고 말한다. 세속에서 말하는 배움이란 스스로 그러하게 두어야 하는 도의 세계에서 본다면 부정되고 폐기되어야 하는 것들을 인간에게 가르칠 뿐이다. 세속의 배움에서는 윗사람이 부르면 공손히 '예'하고 대답해야 하며, '응'이라고 대답해서는 안 된다고 한다. 하지만 그것이 과연 얼마나 큰 차이가 있을까? 사람들은 자기가 배운 바에 따라 어떤 것은 아름답고 어떤 것은 추악하다고 말한다. 그러나 인간이 말하는 아름다움과 추악함이란 진리의 세계에서 본다면 과연 어느 정도로 구별되는 것일까? 사람들은 지혜로써 도와 멀어지지만 노자는 바보 같고 아둔한 마음으로 도를 지킨다고 말하는 것이다.

큰 덕의 모습은 오직 도를 따르는 데서 나온다

孔德之容은 惟道是從이니 道之爲物은 惟恍惟惚이니라
공 덕 지 용　유 도 시 종　　도 지 위 물　유 황 유 홀

惚兮恍兮여 其中有象하고 恍兮惚兮여 其中有物하고
홀 혜 황 혜　기 중 유 상　　황 혜 홀 혜　기 중 유 물

窈兮冥兮여 其中有精하고 其精甚眞하니 其中有信이니라
요 혜 명 혜　기 중 유 정　　기 정 심 진　　기 중 유 신

自古及今에 其名不去하여 以閱衆甫하니라
자 고 급 금　기 명 불 거　　이 열 중 보

吾何以知衆甫之狀哉아 以此니라
오 하 이 지 중 보 지 상 재　　이 차

큰 덕의 모습은 오직 도를 따르는 데서 나온다. 도라고 하는 것은 있
는 듯 없는 듯한 것이다. 있는 듯 없는 듯하나 그 가운데 형상이 있고,
없는 듯 있는 듯하나 그 가운데 사물이 있고, 그윽하고 어슴푸레하
나 그 안에 섬세함이 있고, 그 섬세함은 매우 참되니 그 가운데 신뢰
가 있다. 예부터 지금에 이르기까지 그 이름이 사라지지 않았으니 그
로써 만물의 시작을 살핀다. 내가 어찌 만물의 근원의 모습을 알겠는
가? 바로 도에 의해서이다.

도와 덕은 아울러서 말한다면 하나라고 할 수 있으나 구분해 말한다면 차이가 있다. 덕은 도가 드러나고 작용하는 것이라 할 수 있다. 도는 감각적으로 파악할 수 없는 것, 소리도 없고 모습도 없는 무형한 것이다. 도는 덕을 통해서 만물의 세계에 구체적으로 드러나게 된다. 곧 덕의 용모는 스스로 보여줄 수 있는 것이 아니다. 오직 도를 따라 행하는 대로 나타날 뿐이다. 도를 본받아 행하면 품성으로 나타나는 것이 덕이다. 도가 일어나면 같이 일어나고 도가 없어지면 같이 없어진다. 도가 무와 유를 오가면서 만물을 생성하고 소멸하는 것과 같은 이치이다.

남과 겨루지 않으므로
세상이 그와 더불어 겨루지 못한다

曲則全하고 枉則直하며 窪則盈하고
곡 즉 전　　 왕 즉 직　　　 와 즉 영

敝則新하며 少則得하고 多則惑이니라
폐 즉 신　　 소 즉 득　　 다 즉 혹

是以로 聖人은 抱一하여 爲天下式이니라
시 이　 성 인　 포 일　　 위 천 하 식

不自見이라 故로 明하고 不自是라 故로 彰하고
부 자 현　　 고　 명　　 부 자 시　 고　 창

不自伐이라 故로 有功하고 不自矜이라 故로 長이니라
부 자 벌　　 고　 유 공　　 부 자 긍　　 고　 장

夫唯不爭이라 故로 天下莫能與之爭이니라
부 유 부 쟁　　 고　 천 하 막 능 여 지 쟁

古之所謂曲則全者가 豈虛言哉리오
고 지 소 위 곡 즉 전 자　 기 허 언 재

誠全而歸之이니라
성 전 이 귀 지

굽히면 온전해지고, 구부리면 곧아지며, 움푹 파이면 채워지고, 낡으면 새로워지며, 적으면 얻게 되고, 많으면 미혹 당하게 된다. 그러므로 성인은 하나를 품고 세상의 본보기가 된다. 자신을 드러내지 않으므로 밝아지고, 자신을 옳다 하지 않으므로 널리 빛나며, 자신을 자랑하지 않기에 공을 인정받고, 자신을 뽐내지 않기에 오래간다. 무릇 남과 겨루지 않으므로 세상이 그와 더불어 겨루지 못한다. 굽히면 온전해진다는 옛말이 어찌 헛된 말이겠는가! 굽히면 진실로 온전함으로 돌아가는 것이다.

해설

구부러진 나무는 나무꾼이 쓸모없다고 베지 않기에 온전히 살아남는 법이며, 자벌레는 자신을 펴기 위해서 먼저 스스로 굽힌다. 또한 흐르는 물은 우묵한 웅덩이를 만나면 먼저 이를 채우고 나서 다시 흘러간다. 옷이 낡아서 해지면 다시 새것으로 입게 되며, 욕심이 적은 사람은 언제나 마음의 만족과 평안을 얻을 수 있다.

다시금 강조하건대, 성인은 도를 따라 행동한다. 도를 따르면 안전하다. 도는 유약한 것이니 부러지거나 부서지지 않는다. 곧은 것만이 옳은 것은 아니다. 도에 합당하지 않으면 고집이나 욕심에 불과하다. 휠 수 있어야 안전하고, 굽힐 수 있어야 다시 펴고 올곧음을 지킬 수 있다.

저절로 흘러감에 맡겨라

希言自然이라
희 언 자 연

故로 飄風은 不終朝하고 驟雨는 不終日이니
고 표 풍 부 종 조 취 우 부 종 일

孰爲此者요 天地니라 天地도 尚不能久어늘 而況於人乎아
숙 위 차 자 천 지 천 지 상 불 능 구 이 황 어 인 호

故로 從事於道者는 同於道하고
고 종 사 어 도 자 동 어 도

德者는 同於德하며 失者는 同於失이니라
덕 자 동 어 덕 실 자 동 어 실

同於道者하면 道亦樂得之하고 同於德者하면 德亦樂得之하며
동 어 도 자 도 역 락 득 지 동 어 덕 자 덕 역 락 득 지

同於失者하면 失亦樂得之하니라
동 어 실 자 실 역 락 득 지

信不足焉이면 有不信焉이니라
신 부 족 언 유 불 신 언

말을 적게 하고 저절로 그러함에 맡겨라. 회오리바람은 아침나절 내내 불지 못하고, 소나기는 온종일 내릴 수 없다. 누가 이렇게 하는가? 천지가 하는 것이다. 천지가 하는 일도 오래갈 수 없는데, 하물며 사람이 하는 일에야 어떠하겠는가. 그러므로 모든 일에 도를 따르면 도와 같아지고, 덕을 따르면 덕과 같아지며, 아무것도 행하지 않는 자는 도와 가까워질 기회를 잃게 된다. 도와 같아지면 도 또한 이를 즐거이 받아들이고, 덕과 같아지면 덕 역시 이를 즐거이 받아들이며, 기회를 잃은 자는 얻는 것이 없게 된다. 신뢰가 부족하면 신뢰받지 못한다.

해설

말없는 도의 가르침은 자연의 가르침이다. 곧 도의 가르침은 말없이 교화를 행하는 것이다. 사나운 회오리바람과 세차게 내리는 소나기, 이것들은 누가 만들었는가? 바로 인간과는 비할 수 없는 대자연이 만든 현상이다. 거대한 힘을 지닌 대자연이 바로 회오리바람과 소나기를 일으킨 주체이다. 그럼에도 불구하고 아침 한나절, 하루도 못 되어 소멸되고 말지 않는가? 이는 대자연조차 자연 본래의 스스로 그러한 법칙을 어길 수 없어서이다. 하물며 사람이 인위적으로 이를 어긴다면 그것은 얼마나 갈 수 있을까?

사람들이 도를 알아가는 일은 억지로 가르쳐서 이루어지는 것이 아니다. 스스로 자연의 도리를 터득함으로써 도와 가까워지는 것이다.

스스로 자랑하는 사람은 공이 없게 된다

企者는 不立하고 跨者는 不行하고
기 자   불 립   과 자   불 행

自見者는 不明하고 自是者는 不彰하고
자 현 자   불 명   자 시 자   불 창

自伐者는 無功하고 自矜者는 不長이니라
자 벌 자   무 공   자 긍 자   부 장

其在道也에 曰餘食贅行이라 物或惡之라
기 재 도 야   왈 여 식 췌 행   물 혹 오 지

故로 有道者는 不處니라
고   유 도 자   불 처

발꿈치를 들고는 오래 설 수 없고, 다리를 벌리고는 오래 걸을 수
없으며, 스스로를 드러내려는 사람은 밝게 드러나지 않고, 스스로를
옳다고 여기는 사람은 시비를 분명하게 가리지 못하며, 스스로를 자
랑하는 사람은 공이 없게 되고, 스스로를 뽐내는 사람은 오래가지 못
한다. 이것을 도에 비추어 보면 먹고 남은 음식이요, 군더더기 같은
행동으로 사람들은 대개 그것을 싫어한다. 그러므로 도를 지닌 사람
은 그런 것에 머무르지 않는다.

항상 조바심을 갖고 자신을 세우려 발돋움하는 사람은 바로 서기 어렵다. 재물과 권력을 탐하고 명예를 좇는 사람은 마음의 안정을 찾지 못하여 바로 서지 못하게 된다. 다른 사람을 크게 뛰어넘으려 하는 사람은 필히 다른 사람에게 해를 끼치게 된다. 그들의 모습은 발뒤꿈치를 올려서 발돋움하는 모습, 가랑이를 억지로 벌리고 걷는 모습에 비유할 수 있다. 이 부자연스러운 동작은 오래가지 못하고 곧 넘어지고 주저앉게 될 것이다.

사람은 땅을, 땅은 하늘을, 하늘은 도를,
도는 스스로 그러함을 본받는다

有物混成하여 先天地生하니
유물혼성　　　선천지생

寂兮寥兮에 獨立而不改하고 周行而不殆하니 可以爲天下母니라
적혜요혜　　독립이불개　　주행이불태　　가이위천하모

吾不知其名하여 字之曰道하니 强爲之名曰大요
오부지기명　　　자지왈도　　강위지명왈대

大曰逝요 逝曰遠이요 遠曰反이니라
대왈서　　서왈원　　원왈반

故로 道大하고 天大하고 地大하고 王亦大하니
고　도대　　천대　　지대　　왕역대

域中에 有四大하여 而王居其一焉이니라
역중　유사대　　이왕거기일언

人法地하고 地法天하고 天法道하고 道法自然이니라
인법지　　지법천　　천법도　　도법자연

혼돈 속에서 생겨난 어떤 것이 있으니 하늘과 땅보다 먼저 생겨났다. 소리도 없고, 형체도 없고, 홀로 우뚝 서 변함이 없고, 두루 운행하면서도 위태로움이 없으니 가히 천하의 어머니로 삼을 만하다. 나는 그이름을 알지 못하기에 그것을 '도'라고 하며, 구태여 형용하라 하면 '크다'고 하겠다. 크면 뻗어 나아가고, 뻗어 나아가면 아득히 멀어지

며, 아득히 멀어지면 다시 되돌아온다. 그러므로 도는 크고, 하늘도 크며, 땅도 크고, 왕 또한 크다. 세상에는 네 가지 큰 것이 있으니 왕도 그중 하나이다. 사람은 땅을 본받고, 땅은 하늘을 본받고, 하늘은 도를 본받고, 도는 스스로 그러함을 본받는다.

해설

하늘과 땅이 생기기 전에 어떤 것이 있었는데 그것은 혼돈 속에서 만들어져 모든 것이 갈라져 나누어지기 전부터 있던 것이다. 하늘과 땅보다 먼저 생긴 그것은 소리나 모양이 없어 만질 수도 볼 수도 없다. 언제나 홀로 우뚝 서 있으면서 변함없이 그 자리에 있고 세상의 어느 곳에나 있으며, 움직임을 멈추는 법이 없어 천하를 만들어내는 어머니라 할 수 있다.

그 이름이 무엇인지는 몰라서 '도'라고도 불러보지만 엄격히 따지자면 '도'라는 이름도 그것의 참된 이름이라 할 수 없다. 또한 이것은 크고도 크기에 아주 끝없이 뻗어나가지만 아무리 멀리 나가도 반드시 원래의 상태로 되돌아온다. 이런 도를 본받는 하늘도 크고 하늘을 본받는 땅도 크며 땅을 본받는 사람도 크다. 그런 사람은 이 세상의 왕이 될 만하다.

그러면 도는 무엇을 본받는가? 도는 자연을 본받는다. 노자가 말하는 자연은 도에 의해 만들어지는, 인위人爲가 없는 무위의 자연인 것이다.

가볍게 처신하면 근본을 잃게 된다

重爲輕根하고 靜爲躁君이니라
중 위 경 근   정 위 조 군

是以로 聖人은 終日行에 不離輜重하고
시 이   성 인   종 일 행   불 리 치 중

雖有榮觀이라도 燕處超然이니라
수 유 영 관   연 처 초 연

奈何萬乘之主로 而以身輕天下리오
내 하 만 승 지 주   이 이 신 경 천 하

輕則失本하고 躁則失君이니라
경 즉 실 본   조 즉 실 군

무거운 것은 가벼운 것은 근본이 되고, 고요한 것은 조급함의 주인이
된다. 그러므로 성인은 종일 다닐지라도 짐수레를 떠나지 않으며, 비
록 화려한 경관이 있다 하더라도 고요히 머물며 초연할 뿐이다. 만
대의 수레를 가진 나라의 군주가 어찌 천하에서 가벼이 움직이겠는
가? 가볍게 처신하면 근본을 잃게 되고, 경솔하면 군주의 지위를 잃
게 된다.

해설

말수가 적고 진중한 사람은 말이 많고 경솔한 사람의 주인이 된다. 옛날 성인은 길을 떠나거나 군대를 움직여 행군할 때 수레의 속도에 맞추어 천천히 걸어갔다. 법도에 맞추어 행동했던 것이다. 길을 가던 도중에 화려한 풍광과 볼거리가 있어도 관심을 두지 않았다. 전차가 만 대나 있는 나라라면 모두가 우러러보는 대국인데 그런 나라를 다스리는 임금이 다급하거나 고생스러운 일이라 해서 법도를 벗어나서야 되겠는가. 군주가 가벼우면 근본을 잃게 되고 조급하면 군주의 자리를 잃게 될 것이다.

선하지 못한 사람은 선한 사람의 거울이다

善行은 無轍迹하고 善言은 無瑕讁하고 善數는 不用籌策하고
선 행   무 철 적   선 언   무 하 적   선 수   불 용 주 책

善閉는 無關楗이나 而不可開하고 善結은 無繩約이나 而不可解니라
선 폐   무 관 건   이 불 가 개   선 결   무 승 약   이 불 가 해

是以로 聖人은 常善救人이라 故로 無棄人하고
시 이   성 인   상 선 구 인   고   무 기 인

常善救物이라 故로 無棄物이니 是謂襲明이니라
상 선 구 물   고   무 기 물   시 위 습 명

故로 善人者는 不善人之師며 不善人者는 善人之資니라
고   선 인 자   불 선 인 지 사   불 선 인 자   선 인 지 자

不貴其師하고 不愛其資면 雖智나 大迷니 是謂要妙니라
불 귀 기 사   불 애 기 자   수 지   대 미   시 위 요 묘

행동을 잘하는 사람은 흔적을 남기지 않고, 말을 잘하는 사람은 허물을 남기지 않으며, 계산을 잘하는 사람은 계산기가 필요치 않으며, 잘 닫힌 문은 빗장을 걸지 않아도 열 수 없으며, 잘 맺어진 매듭은 꽉 묶지 않아도 풀리지 않는다. 성인은 사람을 잘 구제하기에 버리는 사람이 없고, 사물을 잘 구제하기에 버리는 물건이 없으니 이것을 가리켜 감추고 있는 총명함이라 한다. 그러므로 선한 사람은 선하지 못한 사람의 스승이며, 선하지 못한 사람은 선한 사람의 거울이다. 그 스승을

귀하게 여기지 않고, 그 거울을 아끼지 않으면 지혜가 있더라도 크게
미혹될 것이니 이것을 중요하고도 오묘한 이치라고 하는 것이다.

해설

자연의 도는 굴러간 바퀴자국 없이 잘 운행된다. 자연의 말은 결함 없이 잘 말한다.
자연의 셈은 계산기를 쓰지 않고도 잘 셈한다. 자연이 닫은 것은 자물쇠 없이도 잘
닫아놓아 열 수 없다. 자연이 묶은 것은 잘 묶어놓아 풀 수 없다. 좋은 사람은 나쁜
사람의 스승이 되고, 도를 모르는 사람은 도를 아는 사람의 자료가 된다. 도를 아는
스승은 도를 모르는 제자를 자료로 삼아 선한 일을 하고, 나쁜 제자는 좋은 스승을
자료로 삼아 선한 일을 한다. 따라서 성인은 어떠한 사람이라도 버리지 않는다. 이를
일러 지극히 오묘하여서 알 수 없는 진리이자 미묘함의 요체라 하겠다.

큰 다스림은 가름이 없는 것이다

知其雄하고 守其雌하면 爲天下谿니
지 기 웅   수 기 자   위 천 하 계

爲天下谿면 常德不離하여 復歸於嬰兒니라
위 천 하 계   상 덕 불 리   복 귀 어 영 아

知其白하고 守其黑하면 爲天下式이니
지 기 백   수 기 흑   위 천 하 식

爲天下式이면 常德不忒하여 復歸於無極이니라
위 천 하 식   상 덕 불 특   복 귀 어 무 극

知其榮하고 守其辱하면 爲天下谷이니
지 기 영   수 기 욕   위 천 하 곡

爲天下谷이면 常德乃足하여 復歸於樸이니라
위 천 하 곡   상 덕 내 족   복 귀 어 박

樸散則爲器니 聖人用之에 則爲官長이니라
박 산 즉 위 기   성 인 용 지   즉 위 관 장

故로 大制는 不割이니라
고   대 제   불 할

남성다움을 알면서 여성다움을 지키면 천하의 계곡이 된다. 천하의 계곡이 되면 덕이 늘 떠나지 않으며 다시 갓난아기로 돌아가게 된다. 밝음을 알면서 어두움을 지키면 천하의 본보기가 된다. 천하의 본보기가 되면 참된 덕이 늘 벗어나지 않으며 다시 무극으로 돌아가게 된다. 영화로움을 알면서 욕됨을 지키면 천하의 골짜기가 된다. 천하의 골짜기가 되면 덕이 늘 충만하며 다시 통나무로 돌아간다. 통나무가 쪼개지면 그릇이 되니 성인은 이를 사용하여 우두머리가 된다. 그러므로 큰 다스림은 가름이 없는 것이다.

해설

암컷이나 수컷은 다 같은 동물이지만 암컷의 성질은 여성적이며 소극적이고 또 정적이다. 이에 반하여 수컷의 성질은 남성적이며 적극적이고 또 동적이다.

모든 물이 골짜기로 모이듯이, 수컷과 암컷의 조화를 지니면 온 천하가 모여들어 위대한 골짜기가 될 수 있을 것이다. 이처럼 천하의 골짜기가 되면 영원한 무위의 덕이 그 몸에서 떠나지 않을 것이다. 영원한 덕이 몸에서 떠나지 않는 사람은 갓난아기처럼 소박한 형태로 되돌아가게 된다.

세상의 골짜기가 되면 갓 태어난 갓난아기처럼 갓 베어낸 통나무의 상태가 될 수 있는데, 이 통나무가 자연스럽게 쪼개져 쓸모 있는 그릇이 되는 것처럼 성인이 세상을 다스리는 방법도 이와 같다. 정말로 잘 다스린다는 것은 통나무를 이리저리 자르고 베어내는 것이 아니라 저절로 쪼개지도록 하는 것이다. 노자는 통나무의 비유를 통해 인간의 손때가 묻지 않은 소박하고 순수한 자연 상태인 도를 설명한다.

갖고자 하면 얻을 수 없다

將欲取天下하여 而爲之인대 吾見其不得已니라
장욕취천하　이위지　　오견기부득이

天下는 神器라 不可爲也니라
천하　신기　불가위야

爲者는 敗之하고 執者는 失之니라
위자　패지　집자　실지

故로 物은 或行或隨하며 或歔或吹하며 或强或羸하며 或挫或隳니라
고　물　혹행혹수　　혹허혹취　　혹강혹리　　혹좌혹휴

是以로 聖人은 去甚하고 去奢하며 去泰니라
시이　성인　거심　　거사　　거태

천하를 취하려고 무언가를 하고자 하면 얻을 수 없다는 것을 나는 안다. 천하는 신령한 기물이라 억지로 할 수가 없는 것이다. 억지로 하고자 하면 실패하고, 잡고자 하면 잃게 된다. 그러므로 만사는 앞서가는 것이 있는가 하면 뒤따르는 것도 있고, 숨을 천천히 쉬는 것이 있는가 하면 빨리 쉬는 것도 있고, 강한 것이 있는가 하면 약한 것도 있고, 꺾이는 것이 있는가 하면 떨어지는 것도 있는 것이다. 그러므로 성인은 심한 것을 없애고 사치스러운 것을 없애며 지나친 것을 없애는 것이다.

인위와 억지에 의해서는 세상을 얻을 수 없다는 점에 대해 말하고 있다. 천하를 억압과 폭력에 의해 인위적으로 다스리고자 하면 실패할 것이고, 강제적으로 이를 잡고자 한다면 놓치게 될 것이다. 천심과 민심은 욕심이 많은 것을 싫어한다. 따라서 많은 사람의 마음을 얻으려면 사치스러운 생활을 버리고 검소한 생활을 하며, 남보다 앞서겠다는 교만함을 버리고 겸손한 태도를 지녀야 하는 것이다.

기운이 지나치면 쇠하게 마련이다

以道佐人主者는 不以兵强天下라
이 도 좌 인 주 자   불 이 병 강 천 하

其事好還이니 師之所處엔 荊棘生焉하며
기 사 호 환   사 지 소 처   형 극 생 언

大軍之後엔 必有凶年이니라
대 군 지 후   필 유 흉 년

善者는 果而已요 不敢以取强이니라
선 자   과 이 이   불 감 이 취 강

果而勿矜하고 果而勿伐하고 果而勿驕하라
과 이 물 긍   과 이 물 벌   과 이 물 교

果而不得已하여 果而勿强이니라
과 이 부 득 이   과 이 물 강

物壯則老하나니 是謂不道라 不道早已니라
물 장 즉 로   시 위 부 도   부 도 조 이

도로써 군주를 보좌하는 사람은 무력으로 천하에 군림하지 않는다. 무력을 쓰면 그 대가가 돌아오게 마련이니 군대가 머문 자리에는 가시덤불이 자라나고, 대군이 휩쓸고 간 뒤에는 반드시 흉년이 든다. 선한 사람은 구제해줄 뿐 감히 무력으로 강함을 취하지 않는다. 목적을 이뤘으되 뽐내지 말고, 목적을 이뤘으되 자랑하지 말고, 목적을 이뤘

으되 교만하지 말라. 목적을 이뤘으되 할 수 없어서 한 것이니 군림하려 하지 않는다. 사물의 기운이 지나치면 쇠하게 마련이니 이를 도에 어긋난다고 한다. 도에 어긋나면 일찍 끝나버린다.

해설

전쟁이란 본래 흉사凶事이다. 전쟁이 일어나는 곳에는 백성이 농사를 짓지 못하여 논밭과 들판은 가시덤불로 황폐하게 되고 백성은 기근을 면하지 못하게 된다. 도를 체득한 사람은 무위자연에 맡겨 일할 뿐이다. 감히 작위를 통하여 억지로 공을 이루려 하지 않는다. 모든 사물은 어느 것이나 지나치게 장성하여 위세가 극도에 달하면 이윽고 노쇠하고 쇠퇴하게 된다. 이런 것은 무위자연의 도에 따르지 않는 부자연한 것이다. 따라서 노자는 이를 도에 어긋나는 것이라 부른다. 도에 어긋나는 행동을 한다면 일찍 멸망하게 될 것이다.

전쟁에서의 승리도 상례로 임하라

夫佳兵者는 不祥之器니라 物或惡之라 故로 有道者는 不處니라
부가병자   불상지기   물혹오지   고   유도자   불처

君子는 居則貴左하나 用兵則貴右니라
군자   거즉귀좌   용병즉귀우

兵者는 不祥之器니 非君子之器라
병자   불상지기   비군자지기

不得已而用之엔 恬淡爲上이니 勝而不美하라
부득이이용지   염담위상   승이불미

而美之者는 是樂殺人이라 夫樂殺人者는 則不可得志於天下矣니라
이미지자   시락살인   부락살인자   즉불가득지어천하의

吉事는 尙左하고 凶事는 尙右하니라
길사   상좌   흉사   상우

偏將軍은 居左하고 上將軍은 居右하니 言以喪禮處之니라
편장군   거좌   상장군   거우   언이상례처지

殺人之衆이니 以哀悲泣之하고 戰勝이라도 以喪禮處之니라
살인지중   이애비읍지   전승   이상례처지

무릇 좋은 병기라는 것은 상서롭지 못한 기물이어서 사람들이 모두 싫어한다. 그러므로 도를 지닌 사람은 가까이 하지 않는다. 군자는 평소에는 왼쪽을 귀하게 여기지만 군대를 부릴 때에는 오른쪽을 귀하게 여긴다. 병기란 상서롭지 못한 기물로 군자가 쓸 것이 못 되며, 부득이하게 사용할 경우에는 담담한 마음으로 써야 하며, 승리하더라도 기뻐하지 않아야 한다. 승리를 기뻐한다면 살인을 즐기는 것이니 살인을 즐기는 사람은 천하에서 뜻을 얻지 못할 것이다. 길한 일에는 왼쪽을 높이고, 흉한 일에는 오른쪽을 높이니 두 번째로 높은 장군은 왼쪽에 위치하고, 제일 높은 장군은 오른쪽에 위치한다. 이는 전쟁을 상례喪禮로 여기는 까닭이다. 많은 사람을 죽였으니 이것을 슬퍼하고, 전쟁에서 승리하더라도 상례로 임하는 것이다.

해설

예로부터 축하연을 차릴 때는 왼편을 상좌로 하고 장례에 임할 때는 오른편을 상좌로 하는데, 오른편은 만물을 죽이는 사문방死門方이기 때문이다. 훌륭한 인격을 지닌 군자는 평상시에는 왼쪽을 귀하게 여기고 중시하지만 전쟁에서는 오른쪽을 귀하게 여기고 높은 자리로 본다. 이는 전쟁이란 죽음을 다루는 불길한 사태이기 때문이다. 이처럼 병기는 상서롭지 못한 불길한 것이며, 군자가 손에 들 만한 물건이 되지 못한다. 하지만 어쩔 수 없이 이를 사용할 경우에는 오로지 담담한 마음으로 쓰는 것이 최상이다.

군자는 설사 전쟁에 이기더라도 결코 이를 훌륭한 일이라고 여기지 않으며, 그 승리를 즐겨 누리거나 찬미하지 않는다.

도는 보잘것없지만
천하의 누구도 신하로 삼을 수 없다

道常無名하고 樸雖小나 天下莫能臣也니라
도 상 무 명　　　박 수 소　　천 하 막 능 신 야

侯王이 若能守之면 萬物이 將自賓이니라
후 왕　　약 능 수 지　　만 물　　장 자 빈

天地相合하여 以降甘露하나니 民莫之令而이라도 自均이니라
천 지 상 합　　　이 강 감 로　　　민 막 지 령 이　　　자 균

始制有名하니 名亦旣有에 夫亦將知止니 知止면 可以不殆니라
시 제 유 명　　　명 역 기 유　　부 역 장 지 지　　지 지　　가 이 불 태

譬道之在天下는 猶川谷之於江海니라
비 도 지 재 천 하　　유 천 곡 지 어 강 해

도는 항상 이름이 없고 통나무처럼 비록 보잘것없지만 천하의 누구
도 신하로 삼을 수 없다. 임금이나 제후가 이를 지킬 줄 알면 만물이
저절로 복종할 것이다. 하늘과 땅이 서로 화합하여 단 이슬을 내릴
것이며, 백성은 명령하지 않아도 저절로 다스려진다. 통나무가 쪼개
어지면 이름이 생기니 이름이 생기면 멈출 줄 알아야 하고, 멈출 줄
알면 위태롭지 않게 된다. 도가 천하에 있는 것을 비유하자면 마치
시내와 골짜기의 물이 강이나 바다로 흘러 들어가는 것과 같다.

누구도 도의 이름을 알지 못한다. 또한 순박하고 작아 보인다 하더라도 천하의 누구
도 신하로 삼을 수 없다. 피조물이 천지창조의 근본을 어찌 신하로 삼을 수 있겠는
가? 모든 만물이 도를 벗어나서 존재할 수 없으니 위정자들도 도를 본받고 도의 순
박함을 지킬 수 있어야 한다. 도라는 것은 시간과 공간의 제약을 벗어나 영원하다.
볼 수도 들을 수도 만질 수도 없는 무형의 것이기에 그것은 또한 이름이 없다. 산에
서 베어 낸 그대로의 통나무라는 것은 아직 아무런 인위적 가공이나 처리가 보태지
지 않았기에 이 현상세계에서 이름이 없는 도의 상징인 것이다.

남을 아기는 사람은 힘이 있지만
자신을 아기는 사람은 강한 것이다

知人者는 智하나 自知者는 明하며
지인자　지　　자지자　명

勝人者는 有力하나 自勝者는 强하며
승인자　유력　　자승자　강

知足者는 富하나 强行者는 有志하며
지족자　부　　강행자　유지

不失其所者는 久하고 死而不亡者는 壽니라
불실기소자　구　　사이불망자　수

남을 아는 사람은 지혜롭지만 자신을 아는 사람은 현명한 것이다. 남을 이기는 사람은 힘이 있지만 자신을 이기는 사람은 강한 것이다. 만족할 줄 아는 사람은 부유하지만 힘써 행하는 사람에게는 뜻이 있는 것이다. 자기 자리를 잃지 않는 사람은 오래가지만 죽었어도 도를 잃지 않는 사람은 수壽를 누리는 것이다.

해설

참된 지혜란 무엇이고, 참된 용기란 무엇일까? 다른 사람을 아는 사람을 지혜로운 사람이라고 한다면 자신을 아는 사람은 현명한 사람이다. 다른 사람이 옳고 그른가를 판단할 수 있는 것은 지혜로운 사람이 할 수 있는 일이지만 자신이 현명한지 어리석은 사람인지를 알 수 있는 사람은 소리 없는 메아리를 듣고 보이지 않는 자신을 보는 것이니 현명한 사람이 아니라면 할 수 없는 일이다. 도와 더불어 살고 죽는 사람은 생과 사를 초월하기 때문에 살아도 일시적으로 사는 것이 아니요, 죽어도 영원히 죽는 것이 아니다. 도에 사는 사람은 진정으로 영원한 생명을 얻는 것이다.

스스로 크다고 하지 않음으로써 큰 것을 이룬다

大道는 氾兮하여 其可左右니라
대도　범혜　　기가좌우

萬物恃之而生하나 而不辭하고 功成不名有하니라
만물시지이생　　이불사　　공성불명유

衣養萬物하되 而不爲主니라
의양만물　　이불위주

常無欲하여 可名於小하나
상무욕　　가명어소

萬物歸焉이나 而不爲主하니 可名爲大라
만물귀언　　이불위주　　가명위대

以其終不自爲大니 故로 能成其大니라
이기종불자위대　고　능성기대

큰 도는 넘실거리는 물처럼 좌우 어디든 이를 수 있다. 만물이 여기에 의지하여 생겨나도 간섭하지 않으며, 공을 이루고도 자기 이름을 드러내지 않는다. 만물을 먹이고 기르면서도 그것의 주인이 되지 않는다. 언제나 욕심이 없으므로 작다고 할 수 있지만, 만물이 그에게 돌아오나 그것의 주인이 되지 않으니 크다고 할 수 있다. 그것은 끝내 스스로 크다고 하지 않음으로써 큰 것을 이루는 것이다.

큰 도는 천지 사방에 넘쳐흐르듯 풍성한 물과 같다. 만물이 도에 의존하여 생성되지만 도는 한 번도 그것을 마다한 적이 없을 뿐만 아니라 공을 세우고도 자신을 내세우지 않는다. 곧 도는 천지를 통해 모든 만물을 덮어 주고 실어 주어 그들을 보호하며, 그들을 먹여 주고 길러 준다. 이처럼 만물을 길러내면서도 자신이 주재자라고 생각하거나 의식하지 않는다. 이렇게 스스로를 위대하다고 생각하지 않기 때문에 그 위대함이 더한 것이다.

도로써 천하를 다스리면 언제나 태평하다

執大象에 天下往이면 往而不害하며 安平太니라
집 대 상   천 하 왕   왕 이 불 해   안 평 태

樂與餌는 過客止하나니 道之出口여 淡乎其無味라
악 여 이   과 객 지   도 지 출 구   담 호 기 무 미

視之不足見하고 聽之不足聞하되 用之不足旣니라
시 지 부 족 견   청 지 부 족 문   용 지 부 족 기

크나큰 도를 잡고 천하로 나아가면 어디를 가도 해를 입지 않으며
언제나 태평하다. 아름다운 음악과 맛있는 음식은 지나가는 나그네
를 멈추게 하지만 도에 대한 말은 담박하여 아무런 맛이 없다. 보아
도 보이지 않고, 들어도 들리지 않지만 아무리 써도 다함이 없는 것
이다.

해설

군주가 큰 도를 지니고 말없는 가르침을 행한다면 천하의 사람들이 모두 그를 따르
게 되어 나라를 이끌어가는 데 어려움을 겪지 않게 된다. 아름다운 음악은 귀를 기울
이게 하고 맛있는 음식은 지나가는 나그네의 발길을 멈추게 하지만 도에서 비롯된
말은 담박하여 아무런 자극도 이끌어낼 수 없다. 하지만 아무리 들어도 싫증 나지 않
으며, 아무리 사용해도 없어지지 않는다. 담박한 그 맛이 오래도록 사람들을 편안하
고 행복하게 만들기 때문이다. 도는 너무 커서 형상 없는 형상으로 천하에 왕림하여
만물을 이롭게 한다. 그러므로 군주의 말은 화려하거나 자극적일 필요가 없다. 자연
의 이치에 맞게 판단하고 행동하면 그가 갖추고 있는 도와 덕이 백성에게 자연스럽
게 전달되기 때문이다.

빼앗고자 할 때는 먼저 주어라

將欲歙之에 必固張之하고 將欲弱之에 必固强之하며
장욕흡지　필고장지　　장욕약지　필고강지

將欲廢之에 必固興之하고 將欲奪之에 必固與之하니라
장욕폐지　필고흥지　　장욕탈지　필고여지

是謂微明이니 柔弱은 勝剛强이니라
시위미명　　유약　승강강

魚不可脫於淵하고 國之利器는 不可以示人이니라
어불가탈어연　　국지이기　불가이시인

오므리고자 하면 먼저 펴줘야 하고, 약하게 하려면 먼저 강하게 해줘야 하며, 무너뜨리려면 먼저 일어나게 해줘야 하고, 빼앗으려면 먼저 줘야 하는 것이다. 이것을 일러 '은밀한 지혜'라 하니 부드럽고 약한 것이 굳세고 강한 것을 이긴다. 물고기가 연못을 벗어나면 안 되는 것처럼 나라에 이로운 그릇은 함부로 사람들에게 보여서는 안 된다.

해설

무엇을 약하게 만들고자 한다면 반드시 먼저 강성하게 만들어 스스로 분수를 모르고 뽐내도록 만들어 주어야 한다. 또한 무엇을 무너뜨리고자 한다면 반드시 먼저 흥성하도록 만들어 주어야 한다. 결국 무엇을 빼앗고자 한다면 반드시 먼저 주어야 한다는 것이다. 세상 천지에 모든 부드럽고 약한 물건은 반드시 굳세고 강한 물건을 이기게 된다. 그러므로 사람은 항상 유하고 부드러워야 생존할 수 있다. 물고기가 연못을 벗어나면 살 수 없는 것처럼 나라를 잘 다스릴 수 있는 이로운 그릇을 남에게 먼저 내보여서는 안 된다.

도는 억지로 하지 않지만
이루지 못하는 일이 없다

道常無爲로되 而無不爲이니라
도상무위　　이무불위

侯王이 若能守之면 萬物이 將自化니라
후왕　　약능수지　　만물　　장자화

化而欲作이면 吾將鎭之以無名之樸하리라
화이욕작　　　오장진지이무명지박

無名之樸이 夫亦將無欲이니
무명지박　　부역장무욕

不欲以靜이면 天下將自定이리라
불욕이정　　　천하장자정

도는 억지로 하는 일은 없지만 이루지 못하는 일이 없다. 임금이나
제후가 이를 지킬 수 있다면 만물이 저절로 바뀔 것이다. 저절로 바
뀌고 있는데도 욕심을 낸다면 나는 이름 없는 통나무로 이를 누를 것
이다. 이 이름 없는 통나무가 욕심을 없애줄 것이니 욕심을 없애고
마음이 고요해지면 천하가 저절로 안정될 것이다.

무위는 자연 그대로 두어 인위를 가하지 아니함을 뜻하는 말이며, 무위자연은 인위를 부정하는 사상 중에서 특히 노장老莊 사상의 기본적 개념을 일컫는 말이다. 도는 하나의 무형한 힘, 즉 에너지이다. 그리고 자연의 힘으로 모든 만물을 생성, 발전하게 한다. 백성이 다 제 뜻으로 해보려고 하는 욕망이 없게 되면 저절로 마음이 안정되어 천하는 자연 질서에 의하여 공정하게 될 것이다. 이와 같이 사람마다 무엇을 해보겠다는 욕망을 없게 하면 천하는 저절로 다스려져 비로소 안정될 수 있다.

제2편

덕경德經

德經

가장 훌륭한 덕은 내세우지 않는 것이다

上德은 不德이라 是以로 有德하며
상덕　　부덕　　　시이　　유덕

下德은 不失德이라 是以로 無德이니라
하덕　　불실덕　　　시이　　무덕

上德은 無爲而無以爲하고 下德은 爲之而有以爲하니라
상덕　　무위이무이위　　　하덕　　위지이유이위

上仁은 爲之而無以爲하고 上義는 爲之而有以爲하니라
상인　　위지이무이위　　　상의　　위지이유이위

上禮는 爲之而莫之應하면 則攘臂而扔之니라
상례　　위지이막지응　　　즉양비이잉지

故로 失道而後에 德이요 失德而後에 仁이요
고　　실도이후　덕　　　실덕이후　　인

失仁而後에 義요 失義而後에 禮니라
실인이후　　의　실의이후　　례

夫禮者는 忠信之薄이요 而亂之首니라
부례자　　충신지박　　　이란지수

前識者는 道之華이나 而愚之始니라
전식자　　도지화　　　이우지시

是以로 大丈夫는 處其厚하고 不居其薄하며
시 이 대 장 부 처 기 후   불 거 기 박

處其實하고 不居其華하니라 故로 去彼取此니라
처 기 실   불 거 기 화   고   거 피 취 차

가장 훌륭한 덕은 덕을 내세우지 않으니, 이 때문에 덕이 있는 것이
며, 가장 낮은 덕은 그것을 잃지 않으려 하니, 이 때문에 덕이 없는 것
이다. 가장 훌륭한 덕은 일부러 행하지도 않고 의도하는 것이 없으며,
가장 낮은 덕은 일부러 하며 의도하는 까닭이 있다. 가장 훌륭한 인
은 일부러 행하기는 하지만 의도하는 것이 없으며, 가장 훌륭한 의는
일부러 행할 뿐만 아니라 의도하는 것이 있다. 가장 훌륭한 예는 일
부러 행할 뿐만 아니라 아무도 그것에 응하지 않으면 팔을 걷어붙이
고 억지로 끌어당긴다. 그러므로 도를 잃어버리고 나서야 덕이 있고,
덕을 잃어버리고 나서야 인이 있으며, 인을 잃어버리고 나서야 의가
있고, 의를 잃어버리고 나서야 예가 있게 된다. 예는 충심과 믿음이
옅어진 연후에 생긴 것이며, 혼란의 시작이 된다. 앞일을 내다보는 것
은 지혜가 빛나는 일이지만 어리석음의 시작이다. 그러므로 대장부
는 두터움을 지키고 가벼움에 머무르지 않으며, 열매를 취하고 화려
함에 머물지 않는다. 그러므로 저것을 버리고 이것을 취한다.

만물을 생성하는 도의 덕은 지극히 높고 크다. 지극히 높고 크므로 만물은 도리어 그 것을 덕으로 생각하지 못한다. 마치 물고기가 물속에서 살고 있으면서 물의 덕을 모 르는 것과 같다. 그러므로 덕 속에서 살게 하면서 덕인 줄 모르는 덕이야말로 참다운 덕이다. 최상의 덕은 스스로 그러함에 따르면서 아무런 인위나 유위가 없다. 결코 어 떤 일을 하고자 하는 마음이 있거나 의도가 있는 것이 아니다. 반면에 하등의 덕을 지닌 사람은 스스로 그러함에 따르면서 아무런 인위나 작위가 없는 행위를 하더라 도 여기에는 이러한 무위를 하고자 하는 어떤 의도나 의식이 개입되어 있다. 아무리 자연스럽고 인위나 작위가 없는 행위라도 의도나 의식이 개입되면 그것은 결코 높 은 수준의 덕이 아닌 것이다. 의로움은 어질다는 것과 달리 윗사람과 아랫사람, 어른 과 아이처럼 사회관계에서 발생하는 도덕적 행위라 할 수 있다. 의로운 사람은 비록 최상의 의로움을 행할지라도 항상 그에 대해 어떠한 결과나 반응을 요구한다는 점 에서 어질다는 것과 다른 것이다.

지극한 영예로움은 빛나고자 하지 않고 소박한 것이다

昔之得一者는 天得一以清하고 地得一以寧하며
석 지 득 일 자 천 득 일 이 청 지 득 일 이 녕

神得一以靈하고 谷得一以盈하고
신 득 일 이 령 곡 득 일 이 영

萬物得一以生하고 侯王得一以爲天下貞이니라 一也其致之니라
만 물 득 일 이 생 후 왕 득 일 이 위 천 하 정 일 야 기 치 지

天無以淸이면 將恐裂하고 地無以寧이면 將恐發하며
천 무 이 청 장 공 렬 지 무 이 녕 장 공 발

神無以靈이면 將恐歇하며 谷無以盈이면 將恐竭하며
신 무 이 령 장 공 헐 곡 무 이 영 장 공 갈

萬物無以生이면 將恐滅하며 侯王無以貴高면 將恐蹶이니라
만 물 무 이 생 장 공 멸 후 왕 무 이 귀 고 장 공 궐

故로 貴以賤爲本하고 高以下爲基니라
고 귀 이 천 위 본 고 이 하 위 기

是以로 後王은 自謂孤寡不穀이라
시 이 후 왕 자 위 고 과 불 곡

此非以賤爲本邪아 非乎아
차 비 이 천 위 본 사 비 호

故로 致數譽無譽니라 不欲琭琭如玉하고 珞珞如石이니라
고   치수예무예   불욕록록여옥   낙락여석

예부터 하나를 얻은 것이 있으니 하늘은 하나를 얻어 맑고, 땅은 하나를 얻어 안정되었으며, 신은 하나를 얻어 신령스러워졌고, 골짜기는 하나를 얻어 가득 찼으며, 만물은 하나를 얻어 자라나고, 임금은 하나를 얻어 세상을 바르게 다스린다. 이 모든 것들이 하나의 덕인 것이다. 하늘을 맑게 하는 것이 없었으면 갈라졌을 것이고, 땅을 안정되게 하는 것이 없었으면 꺼졌을 것이며, 신을 신령스럽게 하는 것이 없었으면 사라졌을 것이고, 골짜기를 가득 차게 하는 것이 없었으면 말라버렸을 것이며, 만물을 자라나게 하는 것이 없었으면 소멸되었을 것이며, 임금을 고귀하게 하는 것이 없었으면 나라를 잃었을 것이다. 그러므로 귀한 것은 천한 것을 근본으로 하고, 높은 것은 낮은 것을 바탕으로 한다. 이 때문에 임금은 스스로를 고(孤, 외로운 사람), 과(寡, 부족한 사람), 불곡(不穀, 보잘것없는 사람)이라 부른 것이다. 이것이 바로 천한 것을 근본으로 삼고 있기 때문 아니겠는가? 지극히 영예로운 것은 영예로움이 아니니 구슬처럼 빛나고자 하지 말고 돌처럼 소박해야 한다.

해설

태초에 하나의 기가 있었다. 천지와 만물 중에 이 기를 말미암지 않고 생성되지 않은 것이 없다. 이 하나는 도를 의미한다. 변하지 않는 절대자는 오직 도 하나뿐이다. 만물이 존재할 수 있는 것은 도가 있기 때문이다. 도로써 모든 것이 이루어진다. 그러나 사람들은 만물을 보면서 도를 생각하지 않는다. 하늘은 하나의 도를 얻어서 맑고 깨끗한 것이며, 땅은 하나의 도를 얻어서 안정되고 고요하며, 신은 하나의 도를 얻어서 신령함을 발휘하며, 계곡은 하나의 도를 얻어서 물이 모여 가득 차게 되는 것이다. 모든 만물은 이 하나의 도를 얻어서 태어나고 자란다. 인간의 세계를 다스리는 제후와 제왕은 하나를 얻어서 모든 천하 사람들에게 모범이 되고 기준이 되는 것이다. 또한 지극한 명예라는 것은 아무런 과장이나 허식이 없는 법이다. 따라서 진정한 명예는 이를 의도하지 않는 데에서 비로소 가능하다. 이런 까닭으로 하나의 도를 알고 실천하려는 사람은 언제나 자신을 보석처럼 빛내고자 하지 않는 법이다. 못생긴 돌처럼 단지 단단하고 소박하면서 건실하기만을 바랄 뿐이다.

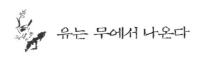 유는 무에서 나온다

反者는 道之動이요 弱者는 道之用이라
반 자　　도 지 동　　　약 자　　도 지 용

天下萬物은 生於有하나 有生於無니라
천 하 만 물　　생 어 유　　　유 생 어 무

되돌아가는 것이 도의 움직임이고, 유약한 것이 도의 작용이다. 하늘
아래 모든 것은 있음에서 비롯되나, 있음은 없음에서 생겨난다.

해설

만물의 형상은 극도에 도달하면 반드시 되돌아온다. 도에서 나온 만물이 다시 도로
되돌아가고, 무에서 나온 유가 다시 무로 되돌아가는 것과 같다. 반反은 순환하는
것, 즉 모든 것에 미치는 도의 모습을 말하고, 약弱은 『도덕경』 전편에서 강조하는 부
드러운 힘을 뜻한다. 도는 부드럽고 항상 세상을 감싸고 있는 것이다. 무는 항상 유
에 우선한다. 존재는 항상 그 비존재가 있음을 염두에 두고 겸손해질 필요가 있다.
유는 무에 의해 생겨난 것이며, 유가 유이기 위해서는 항상 무로 되돌아갈 필요가 있
다. 이 역시 『도덕경』 전편에 걸쳐 다양한 시각으로 밝혀 주고 있는 바다. 유가 도의
근원을 표상한다면 무는 도의 초월성을 표현한다. 무와 유는 반대되는 것이다. 그런
데 이 두 가지는 도의 다른 측면을 나타낸다. 따라서 반자도지동反者道之動이라는 말
은 '반대되는 것은 언제나 도와 함께 움직이는 것'이라고 생각할 수도 있다. 도가 하
는 작용과 그 효용은 참으로 무한하다. 그것은 모든 만물을 자라게 하고 길러 주며,
무한한 잠재력과 창조력을 발휘한다. 물을 살펴본다면 쉽게 이해될 것이다. 물은 한
없이 부드럽고 약하며 결코 자기를 내세우거나 상대에게 강요하지 않는다. 그렇지만
물은 모든 어려움을 견디고, 아무리 단단하고 억센 것이라도 결국은 이기지 않는가?
도의 이런 부드럽고 약함은 바로 모든 단단하고 강한 것을 이길 수 있는 참다운 강
함이요, 진정한 부드러움인 것이다.

크게 모가 난 것은 모서리가 없고 큰 그릇은 늦게 이루어진다

上士는 聞道에 勤而行之하고 中士는 聞道에 若存若亡하고
상사 문도 근이행지 중사 문도 약존약망

下士는 聞道에 大笑之하나니 不笑면 不足以爲道니라
하사 문도 대소지 불소 부족이위도

故로 建言에 有之하니
고 건언 유지

明道若昧하고 進道若退하고 夷道若纇하고 上德若谷하고
명도약매 진도약퇴 이도약뢰 상덕약곡

大白若辱하고 廣德若不足하고 建德若偸하고 質眞若渝하고
대백약욕 광덕약부족 건덕약투 질진약투

大方無隅하고 大器晚成하고 大音希聲하고 大象無形이니라
대방무우 대기만성 대음희성 대상무형

道隱無名이나 夫唯道는 善貸且成이니라
도은무명 부유도 선대차성

뛰어난 사람은 도를 들으면 힘써 행하고, 보통의 사람은 도를 들으면 반쯤은 믿고 반쯤은 의심하며, 어리석은 사람은 도를 들으면 크게 비웃으니 웃음거리가 되지 않는다면 도라고 할 수가 없다. 그러므로 옛말에 이렇게 일렀다.

"밝은 도는 어두운 듯하고 나아가는 도는 물러서는 듯하며, 평탄한 도는 울퉁불퉁한 듯하고 최상의 덕은 골짜기 같으며, 아주 깨끗한 것은 더러운 듯하고, 넓은 덕은 부족한 것 같으며, 굳센 덕은 보잘것없는 듯하고, 참된 실재는 변하는 것 같으며, 크게 모가 난 것은 모서리가 없고 큰 그릇은 늦게 이루어지며, 큰 소리는 들리지 않고 큰 형상은 형체가 없다."

도는 숨어 있어 이름이 없지만 오직 도만이 잘 베풀고 이룬다.

해설

볼 수도 없고 들을 수도 없으며 말할 수도 없는 도를 밝히고 실천하는 일은 참으로 어렵다. 그러므로 훌륭한 선비는 도를 들으면 금세 깨닫고 부지런히 실천하지만 평범한 선비는 쉽게 믿어지지 않아 반신반의하고, 어리석은 선비는 허망한 소리라고 크게 비웃는다. 그러니 어리석은 사람에게 비웃음을 당하지 않는다면 도라고 할 수 없을 것이다. 도는 원래 맑지만 어둡게 보이고, 앞으로 나아가면서도 뒤로 물러가는 것처럼 보이고, 평탄하지만 울퉁불퉁하게 보인다. 으뜸가는 덕은 골짜기처럼 비어 보이고, 깨끗한 것은 더러운 것으로, 넓은 것은 부족한 것으로, 굳센 것은 보잘것없어 보인다. 커다란 네모에는 반드시 모서리가 있는데 그 네모가 너무 커서 모서리가 없다고 여겨지고, 큰 소리와 큰 형상 역시 마찬가지이다. 이처럼 도는 언제나 감추어져 있으면서 이름도 없지만 모든 사람한테 잘 베풀어주고 이루어주는 것이다.

만물은 덜어냄으로 더해지기도 하고
더하려 함으로 덜어내어지는 것이다

道生一하고 一生二하고 二生三하고 三生萬物이라
도 생 일　　일 생 이　　이 생 삼　　삼 생 만 물

萬物은 負陰而抱陽하고 沖氣以爲和니라
만 물　　부 음 이 포 양　　충 기 이 위 화

人之所惡는 唯孤寡不穀이어늘 而王公은 以爲稱이라
인 지 소 오　　유 고 과 불 곡　　이 왕 공　　이 위 칭

故로 物或損之而益하고 或益之而損이니라
고　　물 혹 손 지 이 익　　혹 익 지 이 손

人之所敎를 我亦敎之하나니 强梁者는 不得其死라
인 지 소 교　　아 역 교 지　　강 량 자　　부 득 기 사

吾將以爲敎父하니라
오 장 이 위 교 부

도는 하나를 낳고, 하나를 둘을 낳으며, 둘은 셋을 낳고, 셋은 만물을
낳는다. 만물은 음陰을 짊어지고 양陽을 안으며, 음과 양의 기운으로
조화를 이룬다. 사람들이 싫어하는 것은 고(孤. 외로운 사람), 과(寡. 부족
한 사람), 불곡(不穀. 보잘것없는 사람)인데, 임금이나 군주는 이러한 것으
로 칭호를 삼는다. 그러므로 만물이란 덜어냄으로 더해지기도 하고
더하려 함으로 덜어내어지는 것이다. 남들이 가르치는 것을 나 또한
가르치고자 하니 굳세고 사나운 자는 제명대로 살 수 없다.

나는 이것을 가르침의 으뜸으로 삼고자 한다.

해설

절대적인 무, 절대적인 비존재로서의 도에서 모든 존재의 시초요, 근원인 '하나'가 나왔고 이 '하나'에서 '음陰'과 '양陽'이 나왔다. 음과 양은 음기와 양기로서 서로 조화를 이루면 제3의 힘이 된다. 따라서 음양에서 음기, 양기, 둘이 조화를 이룬 기, 이렇게 셋이 나오는 셈이다.

음기와 양기와 둘이 합한 조화, 이런 삼각관계에서 만물이 생겨난다. 그런 맥락에서 도에서 하나가, 하나에서 둘이, 둘에서 셋이, 셋에서 만물이 나왔다는 것이다. 음기와 양기가 어울려 조화를 이룬다는 것은 각자 자기주장만을 내세우거나 상대방에게 자기의 뜻을 강요하지 않는다는 것이다. 조화는 어디까지나 자기를 낮추고 상대방을 높이는 마음, 자기 혼자서는 아무 일도 성사시킬 수 없다는 의식이 있을 때만 가능하다. 참된 지도자가 자신을 낮추어 외로운 사람, 부족한 사람, 보잘것없는 사람이라고 하는 것도 이런 겸손을 밑바탕으로 하기 때문이다. 이런 낮춤의 도리를 따르지 않는 사람은 제명에 죽지 못한다는 것을 강하게 피력하는 것이다.

부드러운 것이 단단한 것을 부린다

天下之至柔는 馳騁天下之至堅하고
천 하 지 지 유   치 빙 천 하 지 지 견

無有는 入無間하니 吾是以로 知無爲之有益이니라
무 유   입 무 간   오 시 이   지 무 위 지 유 익

不言之敎와 無爲之益은 天下希及之니라
불 언 지 교   무 위 지 익   천 하 희 급 지

천하에서 지극히 부드러운 것이 천하에서 지극히 단단한 것을 부린다. 형체가 없는 것이 틈이 없는 곳에도 들어가니 나는 이로써 무위의 이로움을 아는 것이다. 말없는 가르침과 무위의 이로움, 천하에 그것에 미칠 만한 것이 드물다.

해설

세상에서 가장 부드러운 것은 물이지만 물은 가장 단단한 바위를 부릴 수 있다. 형체가 없기 때문에 가장 약해 보일 수도 있지만, 그렇기 때문에 오히려 아주 미세한 틈새만 있어도 구석구석으로 스며들어 갈 수 있다. 이렇듯 아무런 형체가 없는 무형의 힘이 조금의 틈새도 없는 곳까지 마음대로 스며든다. 따라서 참으로 훌륭한 가르침은 아무런 말을 하지 않는 가르침이다. 노자는 이 세상에서 물보다 더 부드럽고 여린 것은 없지만 단단한 바위를 마음대로 다루는 것처럼 도를 따르면 이루지 못할 것이 없음을 강조하고 있다. 더불어 말없는 가르침인 무위로 얻을 수 있는 것들을 이해하는 사람과 그것을 실천하는 사람이 매우 드물다는 것을 전하고 있다.

만족할 줄 알면 욕을 당하지 않는다

名與身은 孰親하오 身與貨는 孰多하오 得與亡은 孰病하오
명 여 신　　숙 친　　신 여 화　　숙 다　　득 여 망　　숙 병

是故로 甚愛면 必大費하고 多藏이면 必厚亡이니라
시 고　　심 애　　필 대 비　　다 장　　필 후 망

知足이면 不辱하고 知止면 不殆하여 可以長久라
지 족　　불 욕　　지 지　　불 태　　가 이 장 구

명예와 몸 중에서 어느 것이 더 소중한가? 몸과 재물 중에서 어느 것이 더 중요한가? 잃음과 얻음 중에서 어느 것이 더 해로운가?
그러므로 지나치게 아끼면 그만큼 낭비가 크고, 많이 쌓아두면 반드시 크게 잃는다. 만족할 줄 알면 욕을 당하지 않고, 그칠 줄 알면 위태롭지 않아 오래 지킬 수 있다.

해설

만족할 줄 알면 욕되지 않는다. 멈출 줄 알면 위태로운 지경에 처하지 않는다. 만족할 줄 알아서 적당한 정도에서 멈춘다면 자신을 위태롭게 하지 않고 오랫동안 복을 누리게 될 것이다. 명성이나 이익에 눈이 어두운 사람은 자신의 한계나 분수도 모르고 함부로 나서기 때문에 위험과 곤경에 빠질 수 있다. 반면 자신의 한계를 알고 적절한 한도를 굳게 지킨다면 어찌 위험이 있겠는가? 만족할 줄 알고 적절히 그칠 줄 안다면 자신의 생명을 온전히 하고 가진 것들을 오래도록 보존할 수 있을 것이다.

크게 이루어진 것은 모자란 듯하고,
크게 가득 찬 것은 비어 있는 듯하다

大成若缺이나 其用不弊하고
대 성 약 결　　　기 용 불 폐

大盈若沖이나 其用不窮이니라
대 영 약 충　　　기 용 불 궁

大直若屈하고 大巧若拙하고 大辯若訥이니라
대 직 약 굴　　　대 교 약 졸　　　대 변 약 눌

躁勝寒하고 靜勝熱이니 淸靜은 爲天下正이니라
조 승 한　　　정 승 열　　　청 정　　　위 천 하 정

크게 이루어진 것은 모자란 듯하지만 그 쓰임에는 다함이 없고, 크게
가득 찬 것은 비어 있는 듯하지만 그 쓰임에는 다함이 없다. 크게 곧
은 것은 굽은 듯하고, 크게 뛰어난 기교는 서툰 듯하며, 크게 훌륭한
언변은 어눌한 듯하다. 분주한 움직임은 추위를 이기고, 고요함은 더
위를 이기니 맑고 고요함이 천하의 올바름이 된다.

해설

가장 완전하며 가장 가득 이룬 것이 도이지만 평범한 사람의 눈으로 보면 그것은 흠
이 있거나 비어 있는 것처럼 보인다. 겉으로 보기에 굽은 것처럼 보이고, 서툴고 어
눌하게 보이는 도는 사실 그와는 정반대로 가장 올곧고 훌륭하다. 또한 대기 중에 공
기가 가득 차 있지만 없는 것처럼 보이듯, 넘칠 듯이 차 있는 도는 빈 것같이 보인다.
눈에 보이지도 않고, 귀로 들을 수도 없기 때문에 아무것도 없는 듯하지만 도의 작용
이 미치지 않는 곳은 없고 멈추는 적도 없다. 이렇게 맑고 고요한 무위의 도를 지키
는 사람이 세상을 바르게 이끌고 세상 사람들의 본보기가 되는 것이다.

만족할 줄 모르는 것보다 큰 화는 없다

天下有道엔 卻走馬以糞하고 天下無道엔 戎馬生於郊니라
천 하 유 도　　각 주 마 이 분　　천 하 무 도　　융 마 생 어 교

禍莫大於不知足하고 咎莫大於欲得이니라
화 막 대 어 부 지 족　　구 막 대 어 욕 득

故로 知足之足이면 常足矣이니라
고　　지 족 지 족　　상 족 의

천하에 도가 있으면 달리던 말도 물러나 거름을 지게 되지만 천하에 도가 없으면 전쟁에 끌려간 말이 전쟁터에서 새끼를 낳게 된다. 화로 말하자면 만족할 줄 모르는 것보다 큰 것이 없고, 허물로 말하자면 갖고자 하는 욕심보다 큰 것이 없다. 그러므로 만족함을 아는 데서 얻는 만족이야말로 참된 만족인 것이다.

해설

전쟁은 인류의 최대 죄악이다. 전쟁의 원인을 근본적으로 말하자면 결국 만족할 줄 모르는 소유욕과 남을 지배하겠다는 지배욕에서 기인된다. 온 천하에 무위자연의 도가 행해지고 올바른 질서가 성립된다면 전쟁은 결코 일어나지 않을 것이다. 전쟁이 일어날 일이 없으면 군대에서 쓰던 잘 달리는 말도 민간의 백성에게 넘겨주어 밭을 가는 데 쓰도록 할 것이나, 전쟁이 계속해서 일어난다면 암말이 전쟁터에서 새끼를 낳는 일까지도 생기게 되는 것이다. 군주는 백성의 원천이고 백성은 군주의 뿌리이다. 군주의 욕심이 지나쳐 뿌리를 돌보지 않고 가지만 키운다면 결코 열매를 맺을 수 없다. 군주가 만족을 모르면 백성이 입는 화가 막대하고 군주가 욕심이 많으면 욕심에서 오는 죄과가 막대하다. 그러므로 군주는 만족할 줄 알아야 자신을 보존하고 백성을 편안하게 할 수 있을 것이다.

문밖을 나서지 않아도 천하의 일을 안다

不出戶하되 知天下하고 不闚牖하되 見天道하나니
불출호   지천하   불규유   견천도

其出彌遠이면 其知彌少니라
기출미원   기지미소

是以로 聖人은 不行而知하고 不見而名하며 不爲而成이니라
시이   성인   불행이지   불견이명   불위이성

문밖을 나서지 않아도 천하의 일을 알고, 창으로 내다보지 않아도 하늘의 이치를 본다. 멀리 나갈수록 아는 것이 적어진다. 그러므로 성인은 다니지 않아도 알고, 보지 않아도 밝아지며, 하지 않아도 이루는 것이다.

해설

도와 진리는 먼 데 있지 않고 가까운 데 있다. 그래서 문밖으로 나가지 않더라도 이 세상의 이치를 아는 것은 세상의 모든 일은 결국 도에서 생겨나기 때문이다. 마찬가지로 창으로 밖을 내다보지 않더라도 하늘의 도, 자연의 법칙을 알 수 있는 법이다. 오히려 밖을 향해 멀리 나가면 나갈수록 진정한 앎은 더욱더 적어지게 된다. 진리란 밖에 있지 않고 우리의 내면에 있기 때문이다. 그러므로 도를 알면 가지 않고 보지 않고 해보지 않아도 모든 것이 잘 이루어진다.

천하를 얻고자 함이 없을 때 천하를 얻는다

爲學日益하고 爲道日損이라
위 학 일 익   위 도 일 손

損之又損이면 以至於無爲하나니 無爲而無不爲니라
손 지 우 손   이 지 어 무 위   무 위 이 무 불 위

取天下에는 常以無事이니 及其有事하여는 不足以取天下니라
취 천 하   상 이 무 사   급 기 유 사   부 족 이 취 천 하

배움은 날마다 쌓아올리는 것이지만 도는 날마다 덜어내는 것이다. 덜어내고 또 덜어내면 무위에 이르니 무위에 이르면 이루지 못하는 것이 없다. 천하를 취하려 하면 일삼는 바가 없어야 하니 일삼는 바가 있으면 천하를 얻기에 부족한 것이다.

해설

학문이란 외부의 대상을 탐구하는 지적인 활동이다. 학문은 항상 새로운 것을 파악하고 이를 축적해야 한다. 그것은 오늘 하나를 배우고 내일 또 하나를 연구하여 이를 통해 끝없이 쌓아가는 노력이다. 따라서 학문을 하는 것이란 나날이 늘어나는 과정이라고 할 수 있다. 도를 수행하는 것은 날로 덜어내는 일이다. 세속에서 배웠던 지식을 버림으로써 자신을 비우는 것이다. 천하를 얻고자 하지 않는 사람이 천하를 얻으며, 천하를 얻고자 일을 도모하는 사람은 천하를 얻지 못한다. 그러므로 무위로 천하에 다가가면 천하를 취하지 않아도 스스로 돌아오는 것이다.

성인은 백성의 마음을 자신의 마음으로 삼는다

聖人은 無常心하여 以百姓心으로 爲心이라
성인　무상심　　　이백성심　　　위심

善者를 吾善之하고 不善者를 吾亦善之하나니 德善이니라
선자　오선지　　　불선자　　오역선지　　　덕선

信者를 吾信之하고 不信者를 吾亦信之하나니 德信이니라
신자　오신지　　　불신자　　오역신지　　　덕신

聖人在天下하여는 歙歙焉하여 爲天下渾其心하나니
성인재천하　　　흡흡언　　　위천하혼기심

百姓이 皆注其耳目이니 聖人은 皆孩之니라
백성　개주기이목　　　성인　　개해지

성인에게는 고정된 마음이 없으니 백성의 마음을 자신의 마음으로 삼는다. 선한 사람에게는 선하게 대하고, 선하지 않은 사람에게도 역시 선하게 대하니 이로써 선을 이루는 것이다. 신의 있는 사람에게는 신의로 대하고, 신의 없는 사람에게도 역시 신의로 대하니 이로써 신의를 이루는 것이다. 성인은 천하에 임할 때 모든 것을 포용하고 백성의 마음과 함께한다. 백성은 보고 듣는 것을 그에게 맡기게 되니 성인은 그들 모두를 어린아이처럼 대한다.

해설

성인은 자신의 마음을 가지려 하지 않고, 백성의 마음을 자신의 마음으로 삼는다. 무위자연의 도를 깨달은 성인은 형체도 없고 이름도 없는 근원적 진리를 본받고 있다. 그에게는 언제나 고정된 마음이 없고, 백성의 요구와 희망에 따르며, 그들의 마음을 자신의 마음으로 삼는다. 따라서 성인은 백성을 어린아이처럼 무지하고 욕망이 없는 순진무구한 상태로 돌아가도록 만든다. 성인이 그들을 어린아이로 만드는 방법은 무위자연의 도를 지키며 백성에게 개입하거나 간섭하지 않는 것이다.

삶에 집착하지 않을 때 죽을 자리가 없게 된다

出生入死라
출 생 입 사

生之徒가 十有三이요 死之徒가 十有三이요
생 지 도 십 유 삼 사 지 도 십 유 삼

人之生에 動之死地가 亦十有三이라
인 지 생 동 지 사 지 역 십 유 삼

夫何故오 以其生生之厚니라
부 하 고 이 기 생 생 지 후

蓋聞하니 善攝生者는 陸行에 不遇兕虎하고 入軍에 不被甲兵하나니
개 문 선 섭 생 자 육 행 불 우 시 호 입 군 불 피 갑 병

兕無所投其角하고 虎無所措其爪하며 兵無所容其刃이니라
시 무 소 투 기 각 호 무 소 조 기 조 병 무 소 용 기 인

夫何故오 以其無死地니라
부 하 고 이 기 무 사 지

삶에서 나와 죽음으로 들어간다. 삶의 무리가 열에 셋이고, 죽음의 무리가 열에 셋이며, 태어나서 죽음의 자리로 가는 무리가 열에 셋이다. 어찌 그러한가? 삶에 지나치게 집착하기 때문이다. 듣건대 삶을 잘 다스리는 사람은 뭍에서도 코뿔소와 호랑이를 만나지 않고 전쟁터에서도 갑옷과 병기를 걸치지 않는다고 한다. 코뿔소는 그 뿔을 들이받

을 데가 없고, 호랑이는 그 발톱으로 할퀼 데가 없으며, 병기는 그 칼날을 들이밀 곳이 없다. 어찌 그러한가? 그에게는 죽을 자리가 없기 때문이다.

해설

세상에 태어나 자신에게 주어진 명대로 살 수 있는 사람은 열 명 중 세 명이고, 제명대로 살지 못하고 죽는 사람도 열 명 중 세 명이다. 살기 위해 온갖 노력을 다하지만 도리어 죽음의 길로 들어서는 사람도 열 명 중 셋이다. 이것은 무슨 까닭일까? 삶에 지나치게 집착하기 때문이다. 듣건대 자기 몸과 마음을 잘 다스리는 사람은 어디를 다닌다 해도 코뿔소나 호랑이로부터 공격을 당하지 않는다. 군대에 들어가 전쟁에 임해도 무기에 찔려 상처를 입거나 죽지 않는다. 이것은 무슨 까닭인가? 자기 몸과 마음을 잘 다스리는 사람은 죽음을 의식하지 않기 때문이다. 전쟁에 나간 장수가 살아야겠다고 마음먹는다면 도리어 전쟁에도 패하고 죽음으로 내몰리게 되는 것과 같다. 삶과 죽음에 매달리지 않고, 자연의 이치에 따라 욕심을 부리지 않는다면 주어진 삶을 마음껏 누리며 살 수 있다. 생사를 뛰어넘어 오직 자연의 법도를 따르고 지킨다면 오히려 평안하게 살 수 있는 것이다.

낳고도 소유하지 않고, 이루고도 기대지 않는다

道生之하고 德畜之하고 物形之하고 勢成之하니라
도 생 지   덕 축 지   물 형 지   세 성 지

是以로 萬物이 莫不尊道而貴德이니라
시 이   만 물   막 부 존 도 이 귀 덕

道之尊과 德之貴는 夫莫之命이라도 而常自然이니라
도 지 존   덕 지 귀   부 막 지 명   이 상 자 연

故로 道生之하고 德畜之하여 長之育之하고
고   도 생 지   덕 축 지   장 지 육 지

亭之毒之하고 養之覆之하니라
정 지 독 지   양 지 복 지

生而不有하고 爲而不恃하고 長而不宰라
생 이 불 유   위 이 불 시   장 이 부 재

是謂玄德이니라
시 위 현 덕

도道는 모든 것을 낳고, 덕德은 모든 것을 기르며, 물物은 모든 것의 형태를 갖추게 하고, 세勢는 모든 것을 완성시킨다. 이 때문에 만물은 도를 존중하고 덕을 존귀하게 여기지 않을 수 없다. 도를 존중하고 덕을 존귀하게 여김은 시키지 않아도 저절로 그러하게 되는 것이다. 그러므로 도는 낳아주고 덕은 길러주며, 자라게 하고 양육하며, 안정

시켜 주고 성숙시켜 주며, 돌봐주고 덮어준다. 낳고도 소유하지 않고, 이루고도 기대지 않으며, 길러주고도 주재하지 않으니 이것을 그윽한 덕이라 한다.

해설

만물의 성장 과정을 살펴보면 만물은 '도'에 의해서 태어나며, '도'는 만물을 낳은 뒤, 또한 만물에 내재하여 만물 각자의 본성이 된다. 만물은 각자의 본성에 따라 개별적이고 독특한 존재로 발전한다. 그리고 주위환경의 배양은 만물을 각기 성장하고 성숙하도록 만든다. '도'와 '덕'이 존귀한 이유는 만물의 성장과정에 간섭하지 않고, 강제적인 제한이나 관여를 조금도 하지 않기 때문이다. 이와 같이 도는 천지 만물에 덕을 주고도 무엇을 주었는지 모른다. 천지 만물의 도에서 덕을 받고서도 무엇에게서 받았는지 모르는 것을 그윽한 덕, 즉 현덕玄德이라 한다.

도를 알고 지키면 위태로움이 없다

天下有始하여 以爲天下母니라
천 하 유 시　　이 위 천 하 모

旣得其母에 以知其子하고 旣知其子에 復守其母하면 沒身不殆니라
기 득 기 모　　이 지 기 자　　기 지 기 자　　복 수 기 모　　몰 신 불 태

塞其兌하고 閉其門이면 終身不勤이나
색 기 태　　폐 기 문　　종 신 불 근

開其兌하고 濟其事하면 終身不救니라
개 기 태　　제 기 사　　종 신 불 구

見小曰明이요 守柔曰强이니라
견 소 왈 명　　수 유 왈 강

用其光하여 復歸其明이면 無遺身殃이라
용 기 광　　복 귀 기 명　　무 유 신 앙

是爲習常이니라
시 위 습 상

천하에는 시작이 있으니 그것이 천하의 어머니이다. 먼저 그 어머니를 얻고 나서 자식을 알고, 그 자식을 알고 나서 다시 그 어머니를 지키면 죽을 때까지 위태로울 것이 없다. 구멍을 틀어막고 문을 닫으면 평생토록 수고롭지 않을 것이나, 구멍을 열어놓고 일을 이루려 하면 평생토록 헤어날 길이 없을 것이다. 작은 것을 보는 것을 밝음이라

하고, 부드러움을 지키는 것을 강함이라 한다. 빛을 이용해 밝음으로 되돌아가면 몸에 재앙이 남지 않을 것이니 이것이야말로 도의 영원함을 배워 익히는 것이다.

해설

천지와 만물을 포함하여 이 세계에는 근원적인 시초가 있다. 그 근원적인 시초란 다름 아닌 도이다. 도는 천지보다 앞서 태어난 근원적 시초이면서 만물을 만들어 내는 조화의 근원이다. 따라서 우리는 그 도를 천지와 만물이라는 모든 현상적인 것의 모체이자 근본으로 삼을 수 있다. 그러므로 이 도를 천하의 어머니라고도 부른다. 만물의 모체이며 근본인 이 천하의 어머니를 우리가 알게 되는 것, 그것은 다름 아닌 도를 밝히는 것이다. 이 도를 망각하지 않는 사람은 죽을 때까지 위태롭지 않고 위험에 빠지지 않는다.

도의 길은 평탄하나 사람들은 지름길을 좋아한다

使我介然有知면 行於大道하여 唯施是畏니라
사 아 개 연 유 지   행 어 대 도   유 시 시 외

大道는 甚夷하되 而民好徑이니라
대 도   심 이   이 민 호 경

朝甚除나 田甚蕪하고 倉甚虛하되
조 심 제   전 심 무   창 심 허

服文綵하고 帶利劍하고 厭飮食하고 財貨有餘라
복 문 채   대 리 검   염 음 식   재 화 유 여

是謂盜夸이니 非道也哉인저
시 위 도 과   비 도 야 재

나에게 조금이라도 아는 것이 있다면 큰 도의 길을 걸으며 이에 벗어
날까 두려워하는 것이다. 큰 도의 길은 아주 평탄하나, 백성은 지름길
을 좋아한다. 조정은 아주 깨끗하지만 논밭은 황폐하고, 창고는 텅 비
어 있는데 비단옷 차려 입고 날카로운 검을 차고 배불리 먹고 재물은
넘쳐난다. 이것을 도적의 우두머리라고 하니, 도가 아닌 것이다.

진리의 길은 비록 겉으로는 울퉁불퉁 험난한 듯 보이지만 사실은 평탄하고 곧다. 하지만 사람들은 대도大道보다 빠른 지름길이 있을 것으로 생각한다. 그리하여 샛길로 가기를 좋아한다. 좁은 지름길이란 보기에는 질러가는 듯하지만, 실상은 꼬불꼬불하고 울퉁불퉁해서 더 먼 경우가 많다. 설령 가깝다고 해도 더 힘이 들며 가다가 길이 막혀 못 가는 경우도 있다. 위정자들은 국가 백년의 먼 장래는 내다보지 않고 다만 눈앞에 보이는 좁고 구부러진 정치 노선만 걸어가기를 좋아한다. 그리하여 부지런히 농사짓고 있는 농민들을 동원시켜 화려한 궁궐을 높이 쌓아올리는 데 힘쓸 뿐이다. 그리하여 논밭은 황무지가 되고 민간의 쌀 창고는 텅 비어 백성은 기아 상태에 빠지게 된다. 그 반면 정부의 관리들은 수놓은 비단옷을 몸에 걸치고 허리에는 백성을 위협하는 날카로운 검을 차고 횡행한다. 백성에겐 관심이 없고 관리들만 배불리 먹는 것은 도둑의 치레로서 도에 어긋나는 일이다.

 도를 통하여 천하를 안다

善建者는 不拔하고 善抱者는 不脫하여 子孫이 以祭祀不輟이니라
선 건 자　 불 발　　선 포 자　 불 탈　　　자 손　 이 제 사 불 철

修之於身이면 其德乃眞하고 修之於家면 其德乃餘하고
수 지 어 신　　기 덕 내 진　　수 지 어 가　 기 덕 내 여

修之於鄕이면 其德乃長하고 修之於國이면 其德乃豊하고
수 지 어 향　　기 덕 내 장　　수 지 어 국　　기 덕 내 풍

修之於天下면 其德乃普라
수 지 어 천 하　　기 덕 내 보

故로 以身觀身하고 以家觀家하고 以鄕觀鄕하고
고　　이 신 관 신　　이 가 관 가　　　이 향 관 향

以國觀國하고 以天下觀天下하니라
이 국 관 국　　　이 천 하 관 천 하

吾何以知天下然哉아 以此니라
오 하 이 지 천 하 연 재　　이 차

잘 세운 것은 뽑히지 않고, 잘 안은 것은 떨어져나가지 않으니 자손
들이 제사를 그치지 않을 것이다. 도를 자신에게 닦으면 덕이 진실해
지고, 도를 집안에 닦으면 덕이 넉넉해지고, 도를 마을에 닦으면 덕이
오래가고, 도를 나라에 닦으면 덕이 풍성해지고, 도를 천하에 닦으면
널리 두루 퍼질 것이다. 그러므로 자신을 통해서 자신을 보고, 집안을

통해서 집안을 보며, 마을을 통해서 마을을 보고, 나라를 통해서 나라를 보며, 천하를 통해서 천하를 본다. 내가 어찌 천하가 그러함을 알았겠는가? 바로 이러한 이치를 통해서이다.

해설

덕을 제대로 세우고 도를 잘 간직한다면 누군가에게 빼앗기지도 않을 것이며, 근본에 어긋나지도 않을 것이다. 더불어 복과 덕이 갖추어져 자손대대로 번창하게 되므로 조상에 대한 제사가 끊이지 않게 된다. 이러한 도로 나의 몸을 닦으면 그 덕은 반드시 참될 것이며, 집안을 닦으면 행복으로 넘치고, 마을을 다스리면 풍요롭게 되며, 천하를 다스리면 그 덕이 어디에나 두루 미치게 된다. 그러므로 도과 덕을 닦아 나의 몸, 나의 집안, 나의 마을, 나의 나라, 그리고 천하를 살펴야 한다. 도와 덕을 갖춘다면 천하의 이치를 분명하게 알 수 있기 때문이다.

갓난아기는 종일 울어도 목이 쉬지 않는다

含德之厚는 比於赤子니라
함 덕 지 후   비 어 적 자

蜂蠆虺蛇不螫하고 猛獸不據하고 攫鳥不搏이니라
봉 채 훼 사 불 석   맹 수 불 거   확 조 불 박

骨弱筋柔이나 而握固하고 未知牝牡之合이나 而朘作은 精之至也요
골 약 근 유   이 악 고   미 지 빈 모 지 합   이 최 작   정 지 지 야

終日號로되 而不嗄는 和之至也니라
종 일 호   이 불 사   화 지 지 야

知和曰常이요 知常曰明이요 益生曰祥이요 心使氣曰强이니라
지 화 왈 상   지 상 왈 명   익 생 왈 상   심 사 기 왈 강

物壯則老하니 是謂之不道니라 不道早已니라
물 장 즉 로   시 위 지 불 도   불 도 조 이

덕을 두텁게 갖춘 이는 갓난아이에 견줄 수 있으니 독이 있는 벌레나
독사가 쏘지 않고, 맹수도 덮치지 않고, 사나운 새들도 공격하지 않는
다. 뼈는 약하고 근육은 부드러우나 잡는 힘이 세고, 아직 남녀의 교
합을 알지 못하나 음경이 일어서니 정기도 지극한 것이다. 종일 울어
도 목이 쉬지 않으니 완전한 조화를 이룬 것이다.

조화를 아는 것을 '상(祥, 영원함)'이라 하고, 영원함을 아는 것을 '명(明,
밝음)'이라 하며, 삶을 더하려고 하는 것은 재앙이 되며, 마음으로 기

를 이루려 하는 것은 강포가 된다. 만물이 장성하면 곧 쇠락하게 되는 것이니, 이는 도에 따르지 않기 때문이다. 도에 어긋나면 일찍 망하는 법이다.

해설

덕이 깊은 사람은 갓 태어난 아기와도 같다. 갓난아기는 천진하고 순수하며 무엇이나 억지로 하려는 마음이 없으며 욕심도 없다. 그렇기 때문에 독벌레가 쏘지를 않으며, 사나운 짐승이 해치지 않으며, 사나운 새도 할퀴지 않는다. 또한 갓난아기의 뼈와 근육은 비록 부드럽지만 작은 주먹을 강하게 쥐고 있다. 암컷과 수컷의 결합에 대해 전혀 모르지만 성기가 빳빳하게 일어서는 것은 순수한 기운이 가득 차 있기 때문이다. 자연의 이치에 따라 그 생명력이 강하고 지극히 순수한 상태에 머물고 있는 것이다. 갓난아기가 종일 울어도 목이 쉬지 않는 것은 억지로 울지 않기 때문이다. 이것은 조화의 극치라고 할 수 있다. 만약에 무리하게 더 살고자 버둥거린다면 재앙이 닥쳐올 것이며, 마음에 욕심을 가득 담으면 억지를 부리게 될 것이다. 이 세상의 모든 것은 크고 강해지면 반드시 쇠약해지는 법이다. 따라서 도에 어긋나게 행동하면 일찍 사멸하게 된다.

아는 사람은 말하지 않는다

知者는 不言하고 言者는 不知니라
지 자　 불 언　　 언 자　 부 지

塞其兌하고 閉其門하며 挫其銳하고 解其紛하며
색 기 태　　 폐 기 문　　 좌 기 예　　 해 기 분

和其光하고 同其塵하니 是謂玄同이라
화 기 광　　 동 기 진　　 시 위 현 동

故로 不可得而親하고 不可得而疎하며
고　 불 가 득 이 친　　 불 가 득 이 소

不可得而利하고 不可得而害하며
불 가 득 이 리　　 불 가 득 이 해

不可得而貴하고 不可得而賤이니라 故로 爲天下貴니라
불 가 득 이 귀　　 불 가 득 이 천　　 고　 위 천 하 귀

아는 사람은 말하지 않으며, 말하는 사람은 알지 못한다. 구멍을 틀어막고 문을 닫으며, 날카로운 것을 무디게 하고 얽힌 것을 풀며, 빛을 부드럽게 하고 티끌과 하나가 되니 이를 일러 '현동(玄同, 신비스러운 하나 됨)'이라고 한다. 그러므로 이런 사람은 가까이할 수도 없고 멀리할 수도 없으며, 이롭게 할 수도 없고 해롭게 할 수도 없으며, 귀하게 할 수도 없고 천하게 할 수도 없다. 그러므로 세상이 이를 귀하게 여긴다.

참으로 아는 사람은 말을 내세우지 않고, 말을 내세우는 사람은 참으로 알지 못하는 것이다. 그러므로 참다운 진리를 아는 성인은 자신의 행위에 의한 감화를 중시하며 결코 법이나 명령을 통해 백성을 다스리고자 하지 않는다. 항상 말이 없는 가르침을 시행하고, 인위와 조작이 없는 다스림을 실천한다. 그러므로 그는 육체에 있는 여러 가지 욕망의 구멍들, 입을 막고 눈과 귀를 닫아서 정욕과 욕망을 절제한다. 예리한 날을 깎아 의지를 평이하게 하고 얽힌 매듭을 풀어 담박한 마음을 갖는다. 세속의 밝은 빛과 화합하고 세속의 티끌과 섞여 누구와도 어울린다. 이것을 하늘의 도와 일체가 되었다고 하여 현동玄同이라고 한다. 아는 것을 말하지 않아도 마음이 동요되지 않고, 도를 모르는 사람과도 잘 어울리니 진정 도의 경지에 오른 사람이다.

올바름으로 나라를 다스리고, 무위로써 천하를 취한다

以正治國하며 以奇用兵하며 以無事取天下하니라
이 정 치 국   이 기 용 병   이 무 사 취 천 하

吾何以知其然哉아 以此니라
오 하 이 지 기 연 재   이 차

天下多忌諱면 而民彌貧하고 民多利器면 國家滋昏하고
천 하 다 기 휘   이 민 미 빈   민 다 리 기   국 가 자 혼

人多伎巧면 奇物滋起하고 法令滋彰이면 盜賊多有니라
인 다 기 교   기 물 자 기   법 령 자 창   도 적 다 유

故로 聖人이 云하되
고   성 인   운

我無爲而民自化하고 我好靜而民自正하고
아 무 위 이 민 자 화   아 호 정 이 민 자 정

我無事而民自富하고 我無欲而民自樸이니라
아 무 사 이 민 자 부   아 무 욕 이 민 자 박

올바름으로 나라를 다스리고, 기이함으로 용병을 이끌며, 무위로써 천하를 취한다. 내가 무엇으로 그러하다는 것을 알겠는가? 이러한 이치 때문이다. 천하에 금하고 가리는 것이 많을수록 백성은 더욱 가난해지고, 백성이 이로운 기물을 많이 갖게 되면 국가는 점점 더 혼란해지며, 사람에게 기교가 많아지면 기이한 물건이 더욱 생겨나고, 법

이나 명령이 요란할수록 도둑이 많아지게 된다. 그러므로 성인이 말하였다.

"내가 하는 일을 없애면 백성이 저절로 변화되고, 내가 고요를 좋아하면 백성이 저절로 올바르게 되고, 내가 일을 만들지 않으면 백성은 저절로 부유해지고, 내가 욕심을 내지 않으면 백성은 저절로 순박해진다."

해설

나라는 바른 도에 의해서 다스려지는 것이다. 그 올바른 도란 속되고 더러움이 없는 청정清淨과 욕심이 없는 무욕無慾이다. 천하에 꺼리고 피하는 일이 많아서 이를 금지하는 법령이 많이 나오게 되면 백성은 오히려 그만큼 더 가난해진다. 그래서 위정자가 아무 하는 일이 없으면 분쟁이나 쟁탈을 일으키지 않을 것이며, 백성은 스스로 교화되고 올바르게 살아갈 것이라고 말하는 것이다.

성인은 빛나지만 눈부시게 하지는 않는다

其政悶悶하면 其民淳淳하고 其政察察하면 其民缺缺이니라
기 정 민 민　　기 민 순 순　　기 정 찰 찰　　기 민 결 결

禍兮福之所倚요 福兮禍之所伏이니
화 혜 복 지 소 의　　복 혜 화 지 소 복

孰知其極이리오 其無正인저
숙 지 기 극　　기 무 정

正復爲奇하고 善復爲妖하고 人之迷는 其日固久로다
정 복 위 기　　선 복 위 요　　인 지 미　　기 일 고 구

是以로 聖人은 方而不割하고 廉而不劌하고
시 이　　성 인　　방 이 불 할　　염 이 불 귀

直而不肆하고 光而不燿니라
직 이 불 사　　광 이 불 요

다스림이 어수룩할수록 백성은 순박해지고, 다스림이 면밀할수록 백
성은 원망을 품는다. 화는 복이 기대어 있는 바이며, 복은 화가 엎드
려 있는 바이다. 누가 그 궁극을 알겠는가? 언제나 정해진 것은 없는
것이다. 올바름이 변하여 이상스러운 것이 되고, 선한 것이 변하여 사
악한 것이 되고, 사람들이 미혹된 지 이미 오래되었다. 이 때문에 성
인은 반듯하여도 남을 재단하지 않고, 예리하여도 남을 찌르지 않으
며, 곧으나 너무 뻗지는 않고, 빛나지만 눈부시게 하지 않는다.

이 세상에 절대적으로 올바른 것이란 있을 수 없다. 바른 정치를 하겠다는 의지대로 살핀다 해도 정치가 꼭 잘되는 것은 아니다. 백성을 지나치게 살피면 백성의 세속적인 지혜가 높아지고 다스리기가 어려워진다. 화는 피하려고 해서 면해지는 것이 아니고, 복은 구한다고 해서 얻어지는 것이 아니다. 화는 복이 의지하고 붙어 있는 곳이며, 화와 복은 함께 있는 법이다. 그러기에 답답하고 어리석게 보이는 정치가 마치 화인 것처럼 느껴지지만, 사실은 인간을 순박하게 만드는 참으로 행복한 정치인 것이다. 그러므로 성인이 도로써 정치를 할 때에는 암흑의 길을 걷는 백성에게 광명의 빛을 던져 주고도 생색내지 않는 것이다.

백성을 다스리는 데 아끼는 일만 한 것이 없다

治人事天에 莫若嗇이니라
치 인 사 천   막 약 색

夫唯嗇이니 是以早服이라 早服은 謂之重積德이니라
부 유 색   시 이 조 복   조 복   위 지 중 적 덕

重積德則無不克하고 無不克則莫知其極이니
중 적 덕 즉 무 불 극   무 불 극 즉 막 지 기 극

莫知其極이면 可以有國이니 有國之母는 可以長久니라
막 지 기 극   가 이 유 국   유 국 지 모   가 이 장 구

是謂深根固柢요 長生久視之道니라
시 위 심 근 고 저   장 생 구 시 지 도

백성을 다스리고 하늘을 섬기는 데 아끼는 일만 한 것이 없다. 무릇 오직 아낄 뿐이니 일찌감치 도를 따르는 것이다. 일찌감치 도를 따르는 것은 덕을 두텁게 쌓는 것이다. 덕을 두텁게 쌓으면 이기지 못하는 것이 없고, 이기지 못함이 없으면 그 궁극을 알지 못함이 없으니 그 궁극을 알지 못함이 없으면 나라를 가질 수 있고, 나라의 근본을 가지고 있으면 오래갈 수 있다. 이를 일러 뿌리를 깊게 하고 바탕을 튼튼히 하여 오랫동안 지속되는 도라고 하는 것이다.

아낀다는 것은 낭비하지 않는 것이다. 즉 사람을 소중하게 여기고 지식을 함부로 남용하지 않는 것이다. 자신의 욕심에 사로잡혀 억지로 일을 추진하거나 그러한 과정에서 사람을 경시하는 것을 경계해야 한다. 자연의 이치에 따라 도의 근본으로 돌아가게 되면 덕을 쌓을 수 있다. 이처럼 덕을 두텁게 쌓아 나라를 다스린다면 이루지 못할 일이 없다. 사람과 지식을 아끼는 근본, 즉 도를 갖춘다면 나라를 오래도록 유지할 수 있는 것이다.

다스림은 작은 생선을 요리하는 것과 같이 하라

治大國은 若烹小鮮이니라
치 대 국   약 팽 소 선

以道莅天下면 其鬼不神이니 非其鬼不神이라 其神不傷人이오
이 도 리 천 하   기 귀 불 신   비 기 귀 불 신   기 신 불 상 인

非其神不傷人이라 聖人亦不傷人이니라
비 기 신 불 상 인   성 인 역 불 상 인

夫兩不相傷이라 故로 德交歸焉이니라
부 양 불 상 상   고   덕 교 귀 언

큰 나라를 다스리는 것은 작은 생선을 요리하는 것과 같다. 도로써
세상을 다스리면 귀신도 조화를 부리지 못한다. 귀신이 조화를 부리
지 못하는 것이 아니라 조화를 부려도 사람을 상하게 하지 못하는 것
이다. 귀신이 사람을 상하게 하지 못하는 것이 아니라 성인이 사람을
상하게 하지 않는 것이다. 귀신과 성인 모두 사람들을 해치지 않기
때문에 모든 덕이 그대로 백성에게 돌아간다.

해설

무위의 도로써 천하에 임하면 천하는 편안하게 다스려질 것이다. 그러므로 귀신도
사람을 괴롭히는 위력을 잃는다. '큰 나라를 다스리는 것은 작은 생선을 요리하는 것
과 같다.' 이는 곧 위정자가 번거롭고 가혹한 정치로 백성을 어지럽혀서는 안 된다는
것이다. 그러므로 진정한 위정자는 도로써 천하에 임해야 한다.

큰 나라는 강의 하류와 같아야 한다

大國者는 下流니 天下之交요 天下之牝이니라
대국자   하류   천하지교   천하지빈

牝常以靜勝牡하고 以靜爲下니라
빈상이정승모   이정위하

故로 大國이 以下小國하면 則取小國하고
고   대국   이하소국   즉취소국

小國이 以下大國하면 則取大國이니라
소국   이하대국   즉취대국

故로 或下以取하며 或下而取니라
고   혹하이취   혹하이취

大國은 不過欲兼畜人하고 小國은 不過欲入事人이니
대국   불과욕겸축인   소국   불과욕입사인

夫兩者는 各得其所欲인데 大者는 宜爲下니라
부양자   각득기소욕   대자   의위하

큰 나라는 낮은 곳으로 흐르니 천하가 만나는 곳이요, 천하가 모여
드는 암컷이 된다. 암컷은 언제나 고요함으로 수컷을 이기는데, 그
고요함으로 자신을 낮추기 때문이다. 그러므로 큰 나라가 작은 나라
에 낮추면 작은 나라를 취할 수 있고, 작은 나라가 큰 나라에 낮추면
큰 나라를 얻는다.

그러므로 혹 자신을 낮춤으로 남을 취하기도 하고, 혹 자신을 낮춤으로 남을 얻기도 한다. 큰 나라는 모든 사람들을 아울러 다스리려 하는 것이며, 작은 나라는 큰 나라를 섬기며 보호받으려 하는 것이다. 큰 나라, 작은 나라가 모두 각자 원하는 바를 얻으려면 마땅히 큰 나라가 더욱 낮추어야 한다.

해설

큰 나라는 크고 작은 강이 모두 모이는 하류와 같은 곳이다. 천하의 모든 사람들이 만나서 교류하는 곳이며, 천하를 품는 모체이다. 어떤 나라는 몸을 낮춤으로써 원하는 것을 취하고, 어떤 나라는 몸을 낮추었으므로 원하는 것을 취하는 것이다.

그러므로 큰 나라는 작은 나라에 몸을 낮춤으로써 작은 나라들의 연합을 막고, 작은 나라는 몸을 낮춤으로써 큰 나라의 보호를 받으며 이웃나라들과 친목을 도모한다.

노자는 천하의 국가들이 서로 겸허하게 상대를 포용할 것을 호소한다. 곧 인간 세계에서 참다운 질서란 크고 힘 있는 자가 자기 자신을 낮추고 양보하는 데서 비로소 실현된다고 하는 것이다.

도 안에서는 버려질 사람이 없다

道者는 萬物之奧니 善人之寶요 不善人之所保니라
도자   만물지오   선인지보   불선인지소보

美言은 可以市오 尊美行은 可以加人이니
미언   가이시   존미행   가이가인

人之不善을 何棄之有오
인지불선   하기지유

故로 立天子하고 置三公에
고   입천자   치삼공

雖有拱璧以先駟馬라도 不如坐進此道니라
수유공벽이선사마   불여좌진차도

古之所以貴此道者는 何오
고지소이귀차도자   하

不曰以求得하고 有罪以免邪아 故로 爲天下貴니라
불 왈이구득   유죄이면사   고   위천하귀

도는 만물의 보금자리이니 선한 사람의 보배요, 선하지 않은 사람도
보존하는 것이다. 도의 아름다운 말은 사람들을 불러 모을 수 있고,
도의 존엄한 행위는 사람들에게 영향을 미칠 수 있으니 사람이 선하
지 않는다고 해서 어찌 그 사람을 버리겠는가! 그러므로 천자를 세우
고 삼공三公을 임명할 때, 비록 큰 옥을 받쳐 들고 네 필의 말이 끄는

마차를 앞세운다 하더라도 가만히 앉아 이런 도에 나아가는 것만 못한 것이다. 옛사람이 이 도를 귀히 여긴 까닭이 무엇이겠는가? 도로써 구하면 얻고, 죄가 있어도 이로써 면할 수 있기 때문인 것이다. 그러기에 천하에서 귀하게 여기는 것이다.

해설

도는 만물의 배후에 은폐되어 있는 근원이며, 만물을 꿰고 있는 것이다. 도를 아는 사람은 이 근원을 파악하고 현상계에서 생성하고 있는 모든 사물에 대응한다. 그러므로 선한 사람은 귀한 보물처럼 도를 소중히 여긴다. 지금 도를 모르는 사람이라도 이것을 파악하면 장차 도를 아는 사람이 되어 보전될 수 있다. 도를 파악한 선한 사람은 더욱 선하여지고, 선하지 않은 사람도 선한 사람이 되니 이 세상에 버릴 사람이 어디 있겠는가? 사람들은 정치를 하기 위하여 부질없이 임금을 세우고, 그 아래에 대신을 둔다. 그것도 부족하여 귀중한 보물을 예물로 하여 거마車馬를 앞세우며 예를 갖추지만 가만히 앉아서 이 무위자연의 도를 실현하는 것만 못한 것이다. 예부터 이 도를 귀히 여긴 까닭은 무엇인가? 도를 지키면 무엇이든지 얻을 수 있고 죄를 지어도 면할 수 있기 때문이다. 그러므로 도를 천하에서 가장 귀하게 여기는 것이다.

늘 어렵게 여기므로 어려움이 없다

爲無爲하고 事無事하며 味無味하니라
위무위   사무사   미무미

大小多少에 報怨以德하며 圖難於其易하고 爲大於其細니라
대소다소   보원이덕   도난어기이   위대어기세

天下難事는 必作於易하고 天下大事는 必作於細니라
천하난사   필작어이   천하대사   필작어세

是以로 聖人은 終不爲大니라 故로 能成其大니라
시이   성인   종불위대   고   능성기대

夫輕諾은 必寡信하고 多易는 必多難이라
부경락   필과신   다이   필다난

是以로 聖人은 猶難之하나니 故로 終無難矣니라
시이   성인   유난지   고   종무난의

무위로 행하고, 일을 없애는 것을 일로 삼고, 맛을 없애는 것으로 맛을 삼는다. 큰 것을 작게 여기고, 많은 것을 적게 여기고, 원한은 덕으로 갚으며, 어려운 일은 쉬울 때 도모하고, 큰일은 작은 일에서 비롯된다. 세상의 어려운 일은 반드시 쉬운 일에서 비롯되고, 세상의 큰일은 반드시 작은 일에서 비롯되기 때문이다. 그러므로 성인은 큰일을 하지 않음으로 큰일을 이루는 것이다. 무릇 가벼운 승낙은 신뢰가 부족하고, 너무 쉽게 여기면 큰 어려움을 겪게 마련이다. 그러므로 성인

은 늘 어렵게 여기니 결국에는 어려움이 없게 되는 것이다.

해설

무위를 행하는 도는 일없이 일을 하고, 맛이 없는 맛을 보고, 크고 작은 것과 많고 적은 것을 구분하지 않는다. 어려운 것은 쉬운 것으로부터 비롯된 것이며, 큰일은 작은 일에서 비롯되고, 많은 것은 적은 것에서 비롯된다. 그러므로 원수를 원수로 갚지 말고 덕으로 갚아야 한다. 결국 성인은 어렵고 쉬운 것을 막론하고 모든 일을 어려운 일로 대하여 죽을 때까지 어려운 일을 당하지 않게 되는 것이다.

성인은 집착하지 않으므로 잃지 않는다

其安易持하고 其未兆易謀하고 其脆易泮하고 其微易散니라
기 안 이 지   기 미 조 이 모   기 취 이 반   기 미 이 산

爲之於未有하고 治之於未亂이니라
위 지 어 미 유   치 지 어 미 란

合抱之木도 生於毫末하고 九層之臺도 起於累土하고
합 포 지 목   생 어 호 말   구 층 지 대   기 어 루 토

千里之行도 始於足下니라
천 리 지 행   시 어 족 하

爲者는 敗之하고 執者는 失之니라
위 자   패 지   집 자   실 지

是以로 聖人은 無爲라 故로 無敗하고
시 이   성 인   무 위   고   무 패

無執이라 故로 無失이니라
무 집   고   무 실

民之從事는 常於幾成而敗之하나니 愼終如始하면 則無敗事니라
민 지 종 사   상 어 기 성 이 패 지   신 종 여 시   즉 무 패 사

是以로 聖人은 欲不欲하고 不貴難得之貨하며
시 이   성 인   욕 불 욕   부 귀 난 득 지 화

學不學하고 復衆人之所過하여
학 불 학　　　복 중 인 지 소 과

以輔萬物之自然하고 而不敢爲니라
이 보 만 물 지 자 연　　　이 불 감 위

안정되면 유지하기 쉽고, 조짐이 없을 때 도모하기 쉬우며, 취약할 때 부서뜨리기 쉽고, 미세할 때 흩어버리기 쉽다. 아직 일이 생기기 전에 처리하고, 혼란해지기 전에 다스려야 한다. 아름드리나무도 털끝 같은 새싹에서 자라나고, 구 층 누대도 한 줌 흙이 쌓여 올라가고, 천릿 길도 발아래에서 시작된다. 억지로 하고자 하면 실패하고, 억지로 잡고자 하면 놓치게 된다. 그러므로 성인은 억지로 하지 않으므로 실패하지 않고, 억지로 잡고자 하지 않으므로 놓치지 않게 된다. 사람들의 일은 항상 거의 다 이루려다가 실패하니 마지막도 처음처럼 신중히 한다면 실패하는 일이 없을 것이다. 그러므로 성인은 욕심내지 않는 것을 욕심내고, 얻기 어려운 재물을 귀하게 여기지 않으며, 배우지 않음을 배우고, 많은 사람들이 지나쳐 버리는 것으로 돌아간다. 만물이 스스로 그러하도록 도울 뿐, 억지로 도모하지 않는다.

모든 일은 작고 쉬운 일부터 시작해야 실패가 적고, 문제가 작을 때 조처를 해야 해결하기 쉽다. 무에서 유가 생기고, 작은 것이 커서 큰 것이 되는 것이 자연의 이치이다. 이처럼 모든 사물은 작은 것이 큰 것으로 발전하고, 가까운 데서 먼 곳으로 전개된다. 따라서 무엇보다 그 시초를 조심해야 한다. 뿐만 아니라 일을 하는 과정에서 결코 무리나 억지를 부려서는 안 된다. 자연의 질서란 부드러운 것, 고요한 것이기 때문이다. 성인은 본래 소유욕이 없기 때문에 얻기 어려운 재화를 귀중히 생각지 않는다. 그러므로 성인은 만물이 자연의 이치를 따라 살도록 도와주고 함부로 자신의 욕심을 내세워 무리한 일을 하지 않는다.

백성이 아는 것이 많으면 다스리기가 어렵다

古之善爲道者는 非以明民하고 將以愚之니라
고 지 선 위 도 자   비 이 명 민   장 이 우 지

民之難治는 以其智多니라
민 지 난 치   이 기 지 다

故로 以智治國은 國之賊이요 不以智治國은 國之福이니라
고   이 지 치 국   국 지 적   불 이 지 치 국   국 지 복

知此兩者는 亦稽式이니 常知稽式을 是謂玄德이니라
지 차 양 자   역 계 식   상 지 계 식   시 위 현 덕

玄德은 深矣遠矣하여 與物反矣니 然後乃至大順이니라
현 덕   심 의 원 의   여 물 반 의   연 후 내 지 대 순

옛날에 도를 잘 행했던 사람은 백성을 총명하게 하지 않고 오히려
어리석게 만들었다. 백성을 다스리기 어려운 것은 백성이 아는 것이
많기 때문이다. 그러므로 '앎'으로 다스리는 것은 나라에 해가 되고,
'앎'으로 다스리지 않는 것은 나라를 복되게 한다. 이 두 가지를 깨닫
는 것이 하늘의 법도를 깨닫는 것이니, 하늘의 법도를 깨닫고 있음을
그윽한 덕이라 한다. 그윽한 덕은 깊고도 아득하여 사물의 이치에 반
하는 것 같지만 결국은 크게 도를 따르게 된다.

노자는 감정이나 행동보다도 지성·이론·사유 등의 지적·합리적·이론적인 것을 중시하는 입장인 주지주의主知主義를 배척하고, 자연을 근본 원리로 보고 온갖 현상 및 과정을 자연의 소산이라고 생각하는 입장, 자연주의自然主義를 내세운다. 자연주의라 함은 백성으로 하여금 이미 알고 있던 지식을 버리고 인간의 자연성을 회복하게 하는 것이다. 지식에만 너무 치중하면 사람 본래의 성질을 잃어버려 백성을 다스리기 힘들어지기 때문이다. 그러므로 주지주의는 나라에 해가 되고, 자연주의는 나라를 복되게 한다. 도로써 백성을 다스리면 자연의 질서로 돌아와서 행복하게 산다. 행복하게 살면서도 행복한 줄 모르는 것이야말로 참된 행복이요, 그윽한 덕인 것이다.

겨루려 하지 않음으로 겨룰 상대가 없다

江海所以能爲百谷王者는 以其善下之이니
강해소이능위백곡왕자　이기선하지

故로 能爲百谷王이니라
고　능위백곡왕

是以로 聖人은 欲上民인데 必以言下之하고
시이　성인　욕상민　필이언하지

欲先民인데 必以身後之하니라
욕선민　필이신후지

是以로 聖人은 處上而民不重하고 處前而民不害니라
시이　성인　처상이민부중　처전이민불해

是以로 天下가 樂推而不厭하니 以其不爭이라
시이　천하　락추이불염　이기부쟁

故로 天下가 莫能與之爭이니라
고　천하　막능여지쟁

강과 바다가 모든 골짜기의 왕이 될 수 있는 까닭은 아래에 머물기를 잘하기 때문이니 그러므로 능히 모든 골짜기의 왕이 될 수 있는 것이다. 그러므로 성인이 백성 위에 서고자 하면 반드시 말에서 자신을 낮추어야 하고, 백성 앞에 서고자 하면 반드시 그들보다 자신을 뒤에 두어야 하는 것이다.

그러므로 성인이 위에 있어도 백성은 그 무게를 느끼지 못하고, 성인이 앞에 있어도 백성은 그를 해롭게 여기지 않는다. 그러므로 세상 사람들이 즐거이 받들고 싫어하지 않는 것은 겨루지 않기 때문이다. 겨루지 않음으로 천하에 그와 겨룰 이가 없는 것이다.

해설

노자는 강과 바다가 낮은 곳에 있으므로 도리어 모든 골짜기의 물이 모여든다는 데서 자기를 낮춘다는 겸손의 덕을 취하였다. 다시 말하면 강과 바다가 낮은 곳에 있으므로 온 골짜기의 물이 모여들어 커지는 것과 같이 사람도 자기 몸을 낮추어 겸손하여야 큰 인물이 된다는 것이다. 사람이 만백성 위에 있으려면 반드시 백성 앞에서 언사와 행동을 낮추어야 한다. 또 백성의 앞에 서서 지도자가 되려면 반드시 몸가짐이 겸손해야 한다. 이런 지도자는 만백성의 윗자리에 있어도 백성이 전혀 무게를 느끼지 않는다. 또 만백성 앞에 서서 지도를 하여도 백성이 그들을 방해물로 생각하지 않는다. 이렇기 때문에 세상 사람들이 그를 즐겁게 추대하여 싫어하는 이가 없는 것이다. 그는 천하의 누구와도 대립하여 싸우지 않으려 하기 때문에 누구든지 그와 더불어 싸울 사람이 없는 것이다.

도는 너무 크기에 쓸모없는 듯하게 보인다

天下皆謂我道大하야 似不肖라
천 하 개 위 아 도 대   사 불 초

夫唯大니 故로 似不肖니라
부 유 대   고   사 불 초

若肖면 久矣其細也夫인저
약 초   구 의 기 세 야 부

我有三寶하여 持而保之하니
아 유 삼 보   지 이 보 지

一曰慈요 二曰儉이요 三曰不敢爲天下先이니라
일 왈 자   이 왈 검   삼 왈 불 감 위 천 하 선

慈故로 能勇하고 儉故로 能廣하며
자 고   능 용   검 고   능 광

不敢爲天下先이니 故로 能成器長이니라
불 감 위 천 하 선   고   능 성 기 장

今舍慈且勇하고 舍儉且廣하며 舍後且先이면 死矣로다
금 사 자 차 용   사 검 차 광   사 후 차 선   사 의

夫慈는 以戰則勝하고 以守則固하니 天將救之에 以慈衛之니라
부 자   이 전 즉 승   이 수 즉 고   천 장 구 지   이 자 위 지

126

세상 사람들이 모두 이르기를 나의 도는 크지만 쓸모없는 듯하다고 한다. 무릇 크기 때문에 쓸모없는 듯한 것이다. 만약 쓸모 있었다면 오래전에 하찮은 것이 되었을 것이다. 나에게는 세 가지 보물이 있어 그것들을 지니고 간직하니 첫째는 인자함이요, 둘째는 검소함이며, 셋째는 감히 세상 앞에 나서려 하지 않는 것이다. 인자하므로 용감할 수 있고, 검소하므로 널리 베풀 수 있으며, 감히 천하 앞에 나서려 하지 않으므로 그릇(천하)의 으뜸이 되는 것이다. 만약 인자함을 버리고 용감하기만 하고, 검소함을 버리고 베풀기만 하며, 뒤따라가는 것을 버리고 앞에 나서려고만 하면 죽음에 이를 것이다. 인자함으로 싸우면 승리하고 지키면 견고하니, 하늘이 장차 구하고자 하면 인자함으로 그를 감쌀 것이다.

해설

세상 사람들은 모두 노자의 도가 너무 커서 도리어 쓸모없는 것 같다고 한다. 그러나 쓸모없어 보이지 않았다면 도는 이미 보잘것없는 존재가 되어 있을 것이다. 노자가 귀하게 여기는 세 가지 중 첫째는 인자함이고, 둘째는 검소함이며, 셋째는 감히 세상 앞에 나서지 않는 것이다. 인자함이 쌓이면 신중한 마음이 깊어지며 사물의 이치를 깨닫게 되고, 검소함이 쌓이면 부유해져 남에게 베풀 수 있다. 또한 나의 주장만을 내세우지 않고 겸손한 태도로 세상 앞에 나서지 않으면 만물의 으뜸이 될 수 있다. 그러나 인자함을 버리고 용감하기만 하고, 검소함을 버리고 베풀기만 하며, 뒤로 물러서지 않고 앞에 나서기만 한다면 그것이야말로 모든 것을 멸망시키는 지름길이다. 인자함으로 싸우면 승리하고 인자함으로 지키면 견고해지는 법이다. 하늘도 장차 사람을 구하고자 할 때에는 반드시 인자함으로 지켜주는 것이다.

뛰어난 무사는 무용을 드러내지 않는다

善爲士者는 不武하고 善戰者는 不怒하고
선 위 사 자   불 무   선 전 자   불 노

善勝敵者는 不與하고 善用人者는 爲之下니라
선 승 적 자   불 여   선 용 인 자   위 지 하

是謂不爭之德이요 是謂用人之力이요 是謂配天이니 古之極이니라
시 위 부 쟁 지 덕   시 위 용 인 지 력   시 위 배 천   고 지 극

뛰어난 무사는 무용武勇을 드러내지 않고, 뛰어난 전사는 함부로 성내지 않으며, 뛰어난 승자는 더불어 다투지 않고, 사람을 잘 부리는 자는 자기는 낮춘다. 이를 일러 겨루지 않는 덕이라 하고, 이를 일러 사람을 부리는 능력이라 하며, 이를 일러 하늘과 짝한다 하니 예부터 내려오는 지극한 이치인 것이다.

해설

참으로 훌륭한 장수는 함부로 무력을 과시하지 않는 법이다. 참으로 잘 싸우는 사람은 성을 내거나 흥분하는 일이 없다. 그는 적을 업신여기거나 흥분해서 마구 덤비지 않는다. 적을 잘 이기는 사람은 정면으로 맞붙지 않는다. 그리고 사람을 잘 부리는 사람은 상대방에게 자신의 몸을 낮추어 아래가 된다. 이처럼 천지자연의 도와 똑같이 되는 것은 그 옛날 무위의 도에서 말하던 궁극적 경지라고도 할 수 있다. 바꾸어 말하면 이런 궁극적 무위의 수준에 올라야만 비로소 앞의 것들이 가능하다는 것이다.

전쟁에서 적을 가볍게 여기는 것보다 더 큰 화는 없다

用兵에 有言하니 吾不敢爲主而爲客하고 不敢進寸而退尺이라 하니
용병　유언　　오 불 감 위 주 이 위 객　　불 감 진 촌 이 퇴 척

是謂行無行하고 攘無臂하고 扔無敵이니 執無兵이니라
시 위 행 무 행　　양 무 비　　잉 무 적　　집 무 병

禍莫大於輕敵이니 輕敵이면 幾喪吾寶니라
화 막 대 어 경 적　　경 적　　기 상 오 보

故로 抗兵相加에 哀者勝矣니라
고　　항 병 상 가　　애 자 승 의

병법에 이런 말이 있다.

"나는 감히 먼저 공격하기보다 공격을 기다리며, 감히 한 치 나아가기보다 한 자를 물러선다."

이를 일러 나아감이 없이 나아가고, 팔 없는 팔을 걷어붙이며, 적이 없이 적을 쳐부수며, 무기 없는 무기를 잡는 것이라 한다. 화는 적을 가볍게 여기는 것보다 더 큰 것이 없으니, 적을 가볍게 여기면 나의 보배를 잃게 될 것이다. 그러므로 무기를 들고 맞서 싸울 때에는 전쟁을 슬프게 여기는 자가 승리하게 된다.

해설

전쟁에서 가장 큰 금물은 적을 업신여기는 것이다. 적을 업신여기면 반드시 패할 것이다. 또한 적을 가벼이 여기는 것은 호전성의 표현이며, 적을 가벼이 여기면서 상대를 많이 죽이면 자애의 마음을 손상하게 된다고 노자는 경고한다.

거친 베옷을 걸치고도 옥을 품고 있다

吾言은 甚易知하고 甚易行하되 天下에 莫能知하고 莫能行이로다
오언 심이지 심이행 천하 막능지 막능행

言有宗하고 事有君이나 夫唯無知라 是以로 不我知니라
언유종 사유군 부유무지 시이 불아지

知我者가 希하니 則我者는 貴라
지아자 희 즉아자 귀

是以로 聖人은 被褐懷玉이니라
시이 성인 피갈회옥

나의 말은 매우 알기 쉽고 행하기도 쉬운데, 천하의 누구도 알지 못하고 행하지 못한다. 말에는 핵심이 있고 일에는 중심이 있으나, 이를 알지 못하기에 나를 알지 못하는 것이다. 나를 아는 이가 드물기에 나는 귀한 존재가 된다. 그러므로 성인은 베옷을 걸치고도 옥을 품고 있는 것이다.

해설

노자는 자신의 말은 이해하기 쉽고 실천하기도 쉽지만 세상 사람들은 도무지 알아듣지 못하고 실천하지도 못한다고 말한다. 도에 바탕을 두고 말을 하며 도를 중심으로 삼아 일을 하고 있지만 사람들이 이것을 알지 못하기 때문에 자신을 알 수 없다는 것이다. 그러니 자신을 아는 사람은 드물고 자신을 따르는 사람은 귀할 수밖에 없다. 진정한 성인은 알아주는 사람 없이 홀로 조용히 품속에 도를 간직하고 살아갈 뿐이다.

앎을 앎으로 여기지 않는 것이 으뜸이다

知不知는 上이오 不知知는 病이라
지 부 지 상   부 지 지 병

夫唯病病이니 是以로 不病이니라
부 유 병 병   시 이 불 병

聖人은 不病이니 以其病病이라 是以로 不病이니라
성 인 불 병   이 기 병 병   시 이 불 병

앎을 앎으로 여기지 않는 것이 으뜸이며, 알지 못하면서 안다고 하는
것은 병이다. 무릇 병을 병으로 여기면 병이 아닌 것이다. 성인은 병
이 없으니 병을 병으로 알기 때문에 병이 없는 것이다.

해설

앎에 대한 올바른 태도에 대하여 말하고 있다. 알고 있어도 오히려 알지 못한다고 생
각하는 것이 가장 훌륭한 태도이다. 근원적인 진리, 즉 도는 바닥을 알 수 없는 깊이
를 가지고 있어서 인간의 지적 인식이 미치기 어렵기 때문이다. 따라서 알고 있다고
생각했지만 실상은 알지 못하는 일면을 지니고 있다. 그러므로 그 일면을 겸허하게
반성하는 것이 최상으로 아는 것이 된다. 무릇 잘못된 것을 스스로 잘못된 것으로 생
각한다면 이것은 잘못된 것이 아니다. 그러므로 성인의 덕에는 병이 없다. 알지 못하
는 것을 스스로 안다고 생각하는 것이 도를 모르고 덕이 부족해서 그렇다는 것을 알
기 때문이다.

자신을 사랑할 뿐 귀하게 여기지 않는다

民不畏威하면 則大威至니라
민불외위   즉대위지

無狹其所居하고 無厭其所生이니라
무협기소거   무염기소생

夫唯不厭은 是以로 不厭이니라
부유불염   시이 불염

是以로 聖人은 自知不自見하며 自愛不自貴니라
시이   성인   자지부자현   자애부자귀

故로 去彼取此니라
고   거피취차

백성이 두려워할 것을 두려워하지 않게 되면 더욱 큰 두려움이 이르게 될 것이다. 백성이 거할 곳을 좁게 하지 말고, 백성의 삶을 압박하지 말아야 한다. 무릇 싫어하지 않게 하기 때문에 싫어하지 않는 것이다. 그러므로 성인은 자기 자신을 알 뿐 스스로를 드러내지 않고, 자기 자신을 사랑할 뿐 스스로를 귀하게 여기지 않는다. 그러므로 저것(자현自見과 자귀自貴)을 버리고 이것(자지自知와 자애自愛)을 취하는 것이다.

노자는 통치자가 백성을 억압하고 착취해서는 안 된다고 경고한다. 또한 백성이 사는 곳을 억압하여 그들이 삶의 자리가 비좁다고 느끼게 만들어서는 안 되며, 백성의 생활을 착취하고 억누르면서 그들로 하여금 자신의 삶이 어긋나 있다고 생각하게 만들어서는 결코 안 된다고 역설한다. 그러면 사회는 혼란하게 되고 민생은 불안정에 빠질 것이다. 자연히 생긴 몸, 자연히 살다가 자연으로 돌아가는 것을 즐거워해야 한다. 자연의 법칙, 즉 도를 깨달은 성인은 무엇을 알아도 이것을 구태여 남에게 나타내려 하지 않고, 무엇을 사랑하되 이것을 구태여 남에게도 귀한 것이라 강요하지 않는다.

하늘의 그물은 넓고 성글지만 놓치는 것이 없다

勇於敢則殺하고 勇於不敢則活이니라
용 어 감 즉 살   용 어 불 감 즉 활

此兩者는 或利或害하니 天之所惡를 孰知其故리오
차 양 자   혹 리 혹 해   천 지 소 오   숙 지 기 고

是以로 聖人은 猶難之니라
시 이   성 인   유 난 지

天之道는 不爭而善勝하고 不言而善應하며
천 지 도   부 쟁 이 선 승   불 언 이 선 응

不召而自來하고 繟然而善謀니라
불 소 이 자 래   천 연 이 선 모

天網恢恢하여 疏而不失이니라
천 망 회 회   소 이 불 실

감행하는 데 용감한 사람은 죽임을 당하고, 감행하지 않는 데 용감한
사람은 살아남는다. 이 두 가지 가운데 하나는 이롭고, 하나는 해로
운 것이니 하늘이 싫어하는 바, 누가 그 숨은 이유를 알겠는가? 성인
마저도 그것을 어려운 것으로 여긴다. 하늘의 도는 겨루지 않아도 잘
이기고, 말하지 않아도 잘 응답하며, 부르지 않아도 저절로 찾아오고,
허술한 듯하면서 잘 도모한다. 하늘의 그물은 넓고 넓어 성근 것 같
지만 놓치는 것이 없다.

사람을 죽고 살게 하는 일은 도리를 지키면 하늘이 보우하지만 도리를 잃으면 만물
이 돌아서게 된다. 이 두 가지는 이롭기도 하고 해롭기도 하다. 하늘이 좋아하는 일
은 이로운 일이고 하늘이 싫어하는 일은 해로운 일이다. 하지만 하늘이 싫어하는 까
닭을 어찌 알 수 있겠는가? 덕이 있는 성인도 그 까닭을 아는 것을 어려운 일로 생
각한다. 자연의 도는 다투지 않고도 잘 이기고, 말이 없어도 잘 대답하고, 부르지 않
아도 저절로 오고, 묵묵히 있어도 섭리를 잘한다. 자연의 법망은 넓고 넓어서 아무리
성기어도 여기서 새어나올 사물은 하나도 없는 것이다.

목수를 대신하여 나무를 깎는다면 손을 다칠 것이다

民不畏死하면 奈何以死懼之리오
민 불 외 사   내 하 이 사 구 지

若使民常畏死하고 而爲奇者를 吾得執而殺之면 孰敢이리오
약 사 민 상 외 사   이 위 기 자   오 득 집 이 살 지   숙 감

常有司殺者殺이라
상 유 사 살 자 살

夫代司殺者殺을 是謂代大匠斲이니
부 대 사 살 자 살   시 위 대 대 장 착

夫代大匠斲者는 希有不傷其手矣니라
부 대 대 장 착 자   희 유 불 상 기 수 의

백성이 죽음을 두려워하지 않는다면 어찌 죽음으로 백성을 두렵게 하겠는가. 만약 백성으로 하여금 늘 죽음을 두려워하게 하고 기이한 행동을 하는 자가 있어 내가 그를 잡아 죽인다면 누가 감히 그렇게 하겠는가? 항상 죽음을 관장하는 자가 있어 죽여야 할 자는 죽인다. 죽음을 관장하는 자를 대신해서 죽인다면 이는 목수를 대신하여 나무를 깎는 일과 같으니 목수를 대신하여 나무를 깎는 자 치고 그 손을 다치지 않는 자가 드물 것이다.

가혹한 정치와 잔인한 형벌로 세상을 다스린다면 불행에 빠진 백성은 더 이상 죽음을 두려워하지 않게 된다. 나라를 다스리는 자가 어떻게 죽음으로 위협하며 백성을 이끌 수 있을까? 만약 언제나 죽음으로 백성을 위협하여 두려워하게 만들고, 법을 어긴 자를 잡아 죽일 수 있다 해도 누구에게 감히 백성을 죽일 자격이 있겠는가? 어떤 경우라도 죽음을 관장하는 하늘의 도만이 죽일 수 있는 법이다. 하늘의 도를 대신하여 백성을 죽인다면 이것은 아주 서투른 자가 목수 대신 나무를 깎는 일과 같은 것이다. 목수 대신 나무를 깎으려 할 때 자기 손을 다치지 않는 자는 없는 법이다. 마찬가지로 통치자가 하늘의 심판에 맡기지 않고 인위적인 심판을 멋대로 행하면서 백성을 위협하는 살육의 도끼를 휘두른다면, 도리어 그에 의해 자신이 크게 상처를 입고 말 것이다. 그것은 하늘이 할 일을 대신한다는 미명 아래 벌이는 살인인 것이다.

삶을 위하는 마음이 없는 사람은 삶을 귀하게 여기는 사람보다 현명하다

民之饑는 以其上食稅之多니 是以로 饑니라
민 지 기   이 기 상 식 세 지 다   시 이   기

民之難治는 以其上之有爲니 是以로 難治니라
민 지 난 치   이 기 상 지 유 위   시 이   난 치

民之輕死는 以其上求生之厚니 是以로 輕死니라
민 지 경 사   이 기 상 구 생 지 후   시 이   경 사

夫唯無以生爲者는 是賢於貴生이니라
부 유 무 이 생 위 자   시 현 어 귀 생

백성이 굶주리는 것은 위에서 세금을 많이 거둬들이기 때문에 굶주리는 것이다. 백성을 다스리기 어려운 것은 위에서 무언가를 하려고 하기 때문에 다스리기 어려운 것이다. 백성이 죽음을 가볍게 여기는 것은 위에서 지나치게 삶에 집착하기 때문에 죽음을 가볍게 여기는 것이다. 무릇 삶을 위하는 마음이 없는 사람이 삶을 귀하게 여기는 사람보다 현명한 것이다.

해설

지나친 세금은 백성을 늘 힘들게 한다. 과거 발생한 민란이나 혁명은 대개 백성에 대한 국가의 수탈이 지나침으로써 백성이 먹고 살기가 힘들어진 상황 때문이었다. 그런데 백성에게 과도한 세금이 부과되는 이유는 크게 두 가지이다. 하나는 통치자 혹은 지배계층의 개인적인 안락을 위해 사치를 하는 경우이며, 또 하나는 통치자가 불필요한 일들을 많이 벌이는 경우이다. 통치자 개인의 위엄을 높이기 위해, 또는 후

세에 길이 남을 업적을 이루려는 욕심 때문에 백성의 실질적인 삶과는 아무런 관련이 없는 일들을 벌이는 것이다. 거기에 필요한 경비와 물자를 조달하기 위해서는 결국 백성에게 과도한 세금을 부과할 수밖에 없다. 이렇게 세금이 많아지고 백성이 살기 힘들어지면 나라는 자연히 어지러워지고 혼란에 빠지게 된다. 백성이 자기 생명을 아무렇게나 버리는 이유는 이렇듯 위정자가 자기 몸만 귀하게 생각하기 때문이다. 이런 까닭에 맑고 욕심이 없는 위정자가 자기 몸만 귀하게 여기는 위정자보다 현명한 것이다.

살아 있는 것은 부드럽고 약한 법이다

人之生也에 柔弱이나 其死也에 堅强이니라
인 지 생 야   유 약   기 사 야   견 강

萬物草木之生也에 柔脆하고 其死也에 枯槁니라
만 물 초 목 지 생 야   유 취   기 사 야   고 고

故로 堅强者는 死之徒요 柔弱者는 生之徒니라
고   견 강 자   사 지 도   유 약 자   생 지 도

是以로 兵强則不勝하고 木强則折하나니
시 이   병 강 즉 불 승   목 강 즉 절

强大는 處下하고 柔弱은 處上이니라
강 대   처 하   유 약   처 상

사람은 살아 있을 때는 부드럽고 약하지만 죽으면 굳어지고 딱딱해
진다. 만물이나 초목이 살아 있을 때는 부드럽고 여리지만 죽으면 말
라 딱딱해진다. 그러므로 굳어지고 딱딱한 것은 죽음의 무리이며, 부
드럽고 약한 것은 삶의 무리이다. 그러므로 군대가 강하면 승리하지
못하게 되고, 나무가 강하면 꺾이고 만다. 강하고 큰 것은 아래에 놓
이고, 부드럽고 약한 것은 위에 놓이는 것이다.

견고하고 강한 것은 죽은 것이고, 유약한 것은 산 것이다. 군대가 덕이 없이 강하기만 하면 승리할 수 없고, 나무도 다 자라서 너무 단단하면 부러지고 마는 법이다. 그러므로 모든 사물에서 유약한 것이 강대한 것을 이기게 된다는 것은 하나의 자연법칙이다.

하늘의 도는 남는 것을 덜어내어
부족한 것을 채워준다

天之道는 其猶張弓與아
천 지 도   기 유 장 궁 여

高者抑之하고 下者擧之하며 有餘者損之하고 不足者補之니라
고 자 억 지   하 자 거 지   유 여 자 손 지   부 족 자 보 지

天之道는 損有餘하여 而補不足하나 人之道則不然하니
천 지 도   손 유 여   이 보 부 족   인 지 도 즉 불 연

損不足하여 以奉有餘니라
손 부 족   이 봉 유 여

孰能有餘以奉天下리오 唯有道者니라
숙 능 유 여 이 봉 천 하   유 유 도 자

是以로 聖人은 爲而不恃하고 功成而不處하나니 其不欲見賢이니라
시 이   성 인   위 이 불 시   공 성 이 불 처   기 불 욕 현 현

하늘의 도는 활시위를 당기는 것과 같다. 높아지면 눌러주고 낮아지면 들어주며, 남는 것은 덜어내고 부족한 것은 채워준다. 하늘의 도는 남는 것을 덜어내어 부족한 것을 채워주나 사람의 도는 그렇지 않으니 부족한 데서 덜어내어 남는 데에 바친다. 누가 남는 것을 가지고 세상의 부족한 사람들을 받들 수 있겠는가. 오직 도를 지닌 사람만일 것이다. 그러므로 성인은 무엇을 이루고도 자랑하지 않고, 공을 이루어도 머물지 않으니 자신의 현명함을 드러내지 않는 것이다.

하늘의 도는 남음이 있는 것을 덜어 모자라는 것을 채운다. 그러나 사람들의 도는 여유 있는 사람들의 편에 서서 부족한 사람들에게 손해를 준다. 가진 사람은 더 가지려 하고 부족한 사람은 계속 손해를 본다. 누가 과연 자신이 가진 것을 내놓아 천하를 공평하게 하겠는가? 오직 도를 가진 자만이 할 수 있는 일이다. 그리하여 성인은 천하를 위하여 공을 이루고도 의존하거나 머무르려 하지 않고 어진 마음을 사람들에게 보이려 하지 않는다.

노자는 '도' 앞에서는 모든 존재하는 것이 평등하다고 생각한다. '도'는 일체 만물을 생성하고 길러내며, 일체 만물을 일체 만물로서 있게 하는 근원적인 하나이다. 그래서 '천하의 어머니'로도 불리는 것이다. 어머니가 자식에 대해 평등한 사랑을 갖고 있듯이, '도' 역시 만물에 대해 차별하는 일이 없다.

천하에 물보다 부드럽고 약한 것은 없다

天下에 莫柔弱於水로되
천하　　막유약어수

而功堅强者는 莫之能勝이니 以其無以易之니라
이공견강자　　막지능승　　이기무이역지

弱之勝强과 柔之勝剛을 天下莫不知언마는 莫能行이니라
약지승강　　유지승강　　천하막부지　　막능행

是以로 聖人云하되
시이　　성인운

受國之垢를 是謂社稷主하고 受國不祥을 是謂天下王이라 하니
수국지구　　시위사직주　　수국불상　　시위천하왕

正言若反이니라
정언약반

천하에 물보다 부드럽고 약한 것은 없다. 그러나 단단하고 강한 것을 공격하는 데 물을 이기는 것이 없으니 물과 바꿀 수 있는 것은 없다. 약한 것이 강한 것을 이기고, 부드러운 것이 굳센 것을 이긴다는 것을 천하에 알지 못하는 사람이 없으나 아무도 행동으로 옮기지 않는다. 이 때문에 성인은 이렇게 말한다.
"나라의 더러운 일을 떠맡는 사람이 사직을 맡은 사람이요, 나라의 궂은일을 떠맡는 사람이 천하의 왕인 것이다."

이처럼 바른 말은 반대로 들린다.

해설

만물 중 '도'와 가장 많이 닮은 것이 물이다. 이 세상에 물과 같이 유약한 것은 없다. 모난 그릇에 넣으면 모나지고, 둥근 그릇에 넣으면 둥글어지고, 굽은 길을 만나면 돌아서 흐르고, 곧은길을 만나면 곧게 흐르고, 더러운 것도 받아들이고, 또 높은 데로 올라가려고 하지 않고 항상 낮은 데로 내려가려고 한다. 노자는 물을 예로 들어 부드러운 것이 굳센 것을 이기는 이치를 설명한다. 처마 밑에서 방울방울 떨어지는 빗물은 오랜 세월이 흐르면 바위조차 뚫는다. 홍수가 범람할 때는 물이 밭과 집도 뒤덮고, 다리도 무너뜨리며, 어떤 견고한 것도 이를 견디지 못한다. 따라서 노자는 부드럽고 약한 것이 딱딱하고 굳센 것을 이긴다고 말한 것이다. 또한 물은 세상의 온갖 더러움을 다 받아들인다. 이처럼 온 나라의 더럽고 욕된 것을 전부 자기 것으로 받아들이는 사람은 천하의 왕 노릇을 할 수 있다. 지도자가 유약한 듯한 자세로 비평과 질책, 원망과 공격 그리고 치욕 등 모든 나쁜 것들을 받아들일 수 있다면 그것으로 스스로를 강대하게 만들 수 있다. 그러므로 유연함은 지도자가 갖출 수 있는 가장 높은 경지가 된다. 물처럼 유연한 태도는 모든 것을 포용할 수 있어 더욱 큰 가치와 의의를 만들어내기 때문이다.

하늘의 도는 편애하는 일이 없이
다만 선한 사람과 함께할 따름이다

和大怨이라도 必有餘怨이니 安可以爲善이리오
화 대 원   필 유 여 원   안 가 이 위 선

是以로 聖人은 執左契하여 而不責於人이니라
시 이   성 인   집 좌 계   이 불 책 어 인

有德은 司契하고 無德은 司徹이라
유 덕   사 계   무 덕   사 철

天道는 無親하여 常與善人이니라
천 도   무 친   상 여 선 인

깊은 원한은 화해하더라도 원한이 남는 것이니 어찌 잘된 화해라 하
겠는가. 이 때문에 성인은 좌계(左契, 돈을 꿔줄 때의 징표로써 대나무를 두 쪽
으로 나눠 왼쪽 것은 자신이 보관하고 상대방에게는 오른쪽 것, 우계右契를 준다)를
갖고 있더라도 빚 독촉을 하지 않는 것이다. 덕이 있는 사람은 좌계
를 맡고 덕이 없는 사람은 거둬들이는 일을 한다. 하늘의 도는 편애
하는 일이 없이 항상 선한 사람과 함께할 따름이다.

모든 사물의 현상은 극에 도달하면 반드시 되돌아온다. '하늘의 도는 편애하는 일이 없이 항상 선한 사람과 함께할 따름'이라는 말은 인격적인 '하늘의 도'가 착한 사람을 돕는다는 뜻이 아니다. 착한 사람이 도움을 얻는 것은 그가 스스로 한 행위의 결과라는 것이다. 덕이 있는 사람은 다만 좌계의 어음을 관리하고 덕이 없는 사람이 엄하게 관리하여 강제 집행하듯, 덕이 있는 사람은 도리에 맞지 않는 망령된 행위로 다른 사람의 본성을 상하게 하지 않는다. 그러므로 항상 다른 사람에게 원한 사는 일이 없다. 결론적으로 하늘의 도는 자연의 순리를 따른다. 특별한 사람을 편애하지 않는다. 다만 항상 자연의 순리를 따르는 선인과 함께할 뿐이다.

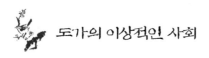

도가의 이상적인 사회

小國寡民하라
소 국 과 민

使有什佰之器라도 而不用하고 使民重死하여 而不遠徙하라
사 유 십 백 지 기　　이 불 용　　사 민 중 사　　이 불 원 사

雖有舟輿라도 無所乘之하고 雖有甲兵이라도 無所陳之하라
수 유 주 여　　무 소 승 지　　수 유 갑 병　　　무 소 진 지

使人復結繩而用之하고
사 인 부 결 승 이 용 지

甘其食하고 美其服하고 安其居하고 樂其俗하라
감 기 식　　미 기 복　　안 기 거　　낙 기 속

隣國이 相望하고 鷄犬之聲이 相聞이로되
인 국　　상 망　　계 견 지 성　　상 문

民至老死에 不相往來하리라
민 지 로 사　　불 상 왕 래

나라를 작게 하고, 백성을 적게 하라. 열 가지, 백 가지 기계가 있을지라도 쓰지 않고, 백성이 죽음을 두렵게 여겨 멀리 옮겨 다니지 않게 하라. 비록 배와 수레가 있을지라도 타는 일이 없고, 비록 갑옷과 병기가 있을지라도 진을 치는 일이 없게 하라. 백성이 다시 새끼를 꼬아서 쓰게 하고, 음식을 달게 먹고, 옷을 아름답게 여기며, 거처를 편

안하게 생각하고, 풍속을 즐기게 하라. 이웃 나라가 서로 바라다 보이고 닭 울고 개 짓는 소리 서로 들릴지라도 백성은 늙어 죽을 때까지 서로 왕래하지 않을 것이다.

해설

노자의 이상 사회를 그린 것이다. 나라가 작고 백성이 적을 때는 백성이 순박하고 군주가 후덕하였다. 많은 양곡을 생산하지 않아도 먹을 것이 충분하였으므로 많은 농기계를 사용할 필요가 없었다. 이 촌락공동체는 될 수 있는 대로 원시사회에 가까운 자연 상태를 유지하기 위해 문명의 이기들을 사용하는 것과 지식·기술 등을 쓸모 없다고 물리치고, 다른 지역으로 옮겨가 사는 것은 물론 서로 왕래하는 일조차 없다. 백성은 태어나 죽는 날까지 자기 마을을 떠나지 않는, 완전히 외부와 차단된 사회로 도연명의 이상사회인 '도화원경'과 같다. 이것이 바로 도가의 자연 질서에 의한 이상적인 사회다.

진실한 말은 아름답게 꾸밀 필요가 없다

信言은 不美하고 美言은 不信이라
신언　　불미　　　미언　　불신

善者는 不辯하고 辯者는 不善이라
선자　　불변　　　변자　　불선

知者는 不博하고 博者는 不知니라
지자　　불박　　　박자　　부지

聖人은 不積하여 旣以爲人이나 己愈有하고
성인　　부적　　기이위인　　　기유유

旣以與人이나 己愈多니라
기이여인　　　기유다

天之道는 利而不害하고 聖人之道는 爲而不爭이니라
천지도　　이이불해　　　성인지도　　위이부쟁

진실한 말은 아름답게 꾸밀 필요가 없으며, 아름다운 말은 진실하지
않다. 선한 사람은 말을 잘하지 않으며, 말을 잘하는 사람은 선하지
않다. 깊이 아는 사람은 널리 알지 않고, 널리 아는 사람은 깊이 알지
못한다. 성인은 쌓아두지 않고, 남을 위할수록 자신의 것이 더욱 많아
지고, 남에게 베풀수록 자신은 더욱 넉넉해진다. 하늘의 도는 이롭게
할 뿐 해롭지 않으며, 성인은 도는 무엇을 위하여 다투지 않는다.

'아름답지 않다'는 것은 보기에만 아름답게 꾸미지 않는 것이다. '말을 잘하지 않는다'는 것은 입으로만 그럴듯하게 꾸미지 않는 것이다. '널리 안다'는 것은 무엇이든 다 아는 박식자가 되지 않는 것이다. '쌓지 않는다'는 것은 욕심을 부리며 혼자 차지하지 않는 것이다. '다투지 않는다'는 것은 남과 대립해서 일을 꾸미지 않는 것이다. 진실성이 있는 말은 아름답지 않고, 아름다운 말에는 진실성이 없다. 참으로 훌륭한 사람은 말이 숙달되지 못하고, 말을 잘하는 사람은 참다운 사람이 아니다. 참으로 아는 사람은 많이 아는 사람이 아니고, 많이 아는 사람은 참으로 알고 있지 못하다. 그러므로 무위의 성인은 쌓아 두는 일이 없다. 무엇이든 남을 위해 내주지만, 남에게 줌으로써 그가 가진 것은 한층 넉넉해진다. 하늘의 도는 만물에 혜택을 주어 해를 가하지 않는 것이다. 반면에 성인의 도는 일을 행하면서 남과 다투지 않는다고 할 수 있다.

인생의 절반쯤 왔을 때
읽어야 할 도덕경

초판 1쇄 인쇄 2019년 4월 29일
초판 1쇄 발행 2019년 5월 6일

지은이 노자
옮긴이 박훈

펴낸이 이효원
편집인 음정미
디자인 별을 잡는 그물
펴낸곳 탐나는책
출판등록 2015년 10월 12일 제 2015-000025호
주소 인천광역시 연수구 원인재로 180
전화 070-8279-7311 **팩스** 032-232-0834
전자우편 tcbook@naver.com

ISBN 979-11-89550-12-7 03150

이 도서의 국립중앙도서관 출판시도서목록(CIP)은 서지정보유통지원시스템 홈페이지(http://seoji.nl.go.kr)와
국가자료공동목록시스템(http://www.nl.go.kr/kolisnet)에서 이용하실 수 있습니다.
CIP제어번호: 2019014035